KB127180

NFT와 ARG가 바꾸는 비즈니스 법칙

# 웹3.0 메타버스

# WEB 3.0 METAVERSE

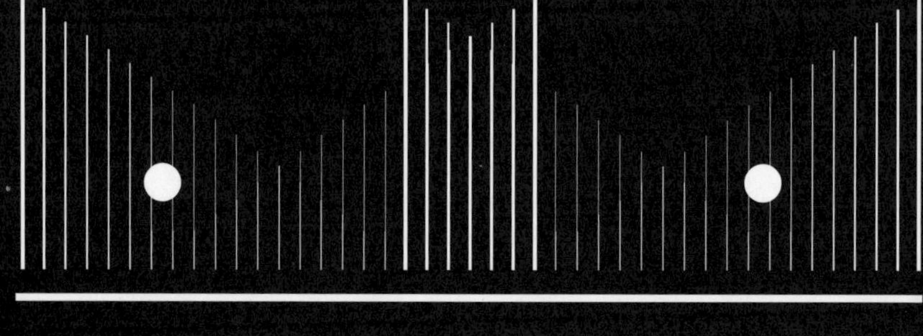

NFT와 ARG가 바꾸는 비즈니스 법칙

# 웹 3.0 메타버스

김용태 지음

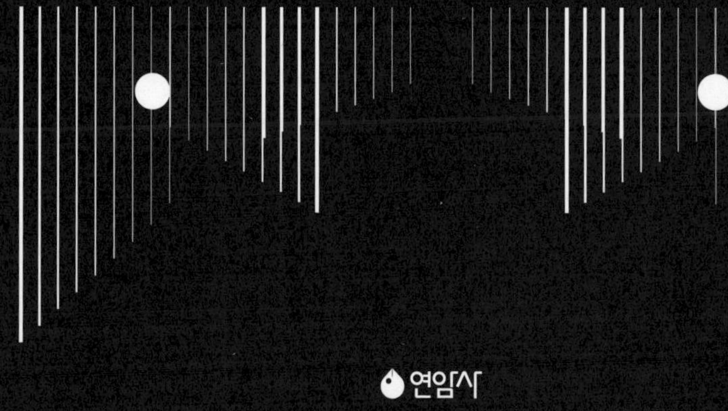

연암사

WEB3.0 METAVERSE

# 머리말 메타버스는 웹3.0이다

**"메타버스가 오고 있다Metaverse is coming."**

2020년 10월 엔비디아 기술 콘퍼런스에서 젠슨 황 CEO가 던진 화두입니다. 마크 저커버그가 이 말에 맞장구치면서 '메타버스' 용어가 회자되기 시작했고, 2020년까지만 해도 구글 트렌드에 잡히지 않다가 2021년 들어 검색량이 폭등했습니다.

메타버스는 닐 스티븐슨의 1992년작 소설 《스노 크래시》에 처음 등장한 개념입니다. 초월적meta 우주universe라는 의미지요. 약 30년간 소설책에 있던 용어가 갑자기 소환되어 나와 세상을 떠들썩하게 했습니다.

그런데, 메타버스는 이미 와 있습니다. 우리가 매일 일상에서 체험하고 있지요. 예를 들어 볼까요? 스크린 골프도 메타버스입니다.

티박스에서 공을 치면 스크린에 닿는 순간 공은 미국에 있는 페블비치 골프장 안으로 들어갑니다. 그곳은 초월적meta 시공간이지요. 카메라, 센서, 시뮬레이터 등 각종 첨단기술이 동원되어 현실세계와 가상세계를 연결해 줍니다.

인터넷 속 세상도 메타버스입니다. 인터넷에 접속하는 순간 웹web으로 들어가는데, 거기서는 시간과 공간의 제약을 뛰어넘지요. 물리법칙도 다릅니다. 지구 반대편 사람과도 실시간으로 만날 수 있고, 파일도 순간이동합니다. 또 SNS도 메타버스입니다. 스마트폰을 24시간 켜 놓고 반경 10m 안에 두고 있는 지구인들은 메타버스에서 살고 있는 셈입니다.

그렇다면, 메타버스가 오고 있다는 젠슨 황의 말은 틀렸습니다. 그러나 아직 여운이 남아 있긴 합니다. 스크린 골프 이야기로 돌아가 보죠. 지금은 현실세계와 가상세계 간 경계가 나뉘어져 있습니다. 스크린이 경계선입니다. 스크린 이쪽은 물리적 현실세계, 저쪽은 초월적 가상세계니까요. 그런데, 기술이 더 발달하면 스크린이 없어질 수 있습니다. 실내골프장에 들어서는 순간 페블비치 골프장으로 변하고, 실제로 거기서 라운딩하는 듯한 경험을 하게 됩니다. 물론 이때는 몸에 모션캡처 슈트를 입고 머리에 뭔가를 뒤집어쓰게 될 겁니다.

젠슨 황이나 마크 저커버그가 기다리고 있는 메타버스는 그런 경지입니다. 현실과 가상 간의 경계가 사라지면서 시간과 공간이 초월적으로 융합되는 세상, 그것이 궁극적 메타버스의 모습입니다. 그렇다면 메타버스도 기술 수준별 단계를 나눌 수 있겠습니다. 자율주행차에 레벨이 있고, 인공지능을 강한 AI와 약한 AI로 구분하듯이.

메타버스를 광의와 협의의 개념으로 구분해 볼 수 있습니다. 넓게는 웹 생태계 전체를 아우르는 개념이고, 좁게는 포트나이트, 로블록스, 제페토, 디센트럴랜드 등 소위 메타버스 플랫폼을 지칭합니다.

'메타버스'라는 용어는 학술용어나 공식적으로 합의된 명칭이 아닙니다. 이전부터 사이버, 온라인, 멀티버스다중우주, 디지털 트윈, 거울세계, 가상현실VR, 증강현실AR, 혼합현실MR 등등 다양한 이름으로 불렸었지요. 2021년부터 '메타버스'가 대중적 용어로 자리 잡으면서 장르 명칭이 되고 있습니다. 그러다 보니 아직 범위나 개념 정의가 불명확하다는 문제가 남아 있긴 합니다.

2021년 말, 실리콘밸리에서 '웹3.0'이 뜨거운 감자로 부상했습니다. 잭 도시와 일론 머스크가 웹3.0을 벤처캐피털VC들이 독점하려 한다고 비난하자, 마크 앤드리슨이 트위터 계정을 차단해 버리면서 설전이 일어난 겁니다. 웹3.0은 탈중앙화decentralized 거버넌스 구조를 가져야 하는데 소수 자본가가 소유하려 한다는 주장과 비즈니스 생태계의 현실을 고려해야 한다는 주장이 맞붙었지요.

일론 머스크 말대로 웹3.0은 본 사람이 없습니다. 시각적으로 보이게 하려면 웹3.0에 형체를 만들어 씌워야 하겠지요. 웹3.0에 형체를 입힌 것이 메타버스입니다. 뒤집어 말하면, 메타버스의 본질과 원리가 웹3.0입니다. 1990년대 시작된 웹은 21세기 들어 웹2.0으로 진화했고, ICT와 과학기술의 발달로 입체적이고 역동적으로 변해 왔습니다. 거기에 지능intelligence까지 얹어지면서 웹3.0시대로 진입하고 있습니다.

나는 메타버스를 한마디로 웹3.0이라고 정의합니다. 1990년대 만들어진 웹 생태계가 입체적3D, 역동적, 그리고 지능화된 것이 메타버스입니다. 이 책에서 논의하는 메타버스는 정확히 표현하자면, '웹3.0 메타버스'입니다.

그리고 웹3.0 메타버스의 두 기둥은 NFT대체불가토큰와 ARGAlternate Reality Game, 대체현실게임입니다. NFT는 메타버스의 경제를 떠받치고, ARG는 메타버스를 역동적으로 만듭니다. 이 책의 부제처럼 NFT와 ARG가 비즈니스의 법칙을 바꾸고 있습니다.

〈제1부. 오래된 미래 - 메타버스, 30년의 역사〉에서는 메타버스의 뿌리를 추적하면서 메타버스가 무엇인지, 언제, 어떻게, 왜 만들어진 것인지를 파헤쳐 볼 겁니다. 메타버스는 어느 날 갑자기 뚝 떨어진 게 아닙니다. 30여 년 전 인터넷이라는 자궁에서 메타버스라는 새로운 생명체가 잉태되고, 지능이 생기면서 웹2.0으로 진화한 역사를 조망해 보면 웹3.0 메타버스의 본질과 원리를 간파할 수 있습니다. 웹의 역사를 모르고서는 디지털 문해력digital literacy을 높일 수 없습니다.

〈제2부. 웹3.0 시대 - 메타버스 게임의 법칙〉에서는 메타버스 DNA를 분석해 보고, 4차산업혁명 기술과의 연관성을 살펴보면서 달라진 비즈니스 게임의 법칙을 논의합니다. 차원dimension이 달라지면

룰rule도 바뀝니다. 메타버스는 거대한 비즈니스 게임장에 비유할 수 있는데, 바뀐 게임의 룰을 모르고서는 참여할 수 없겠지요.

메타버스 플랫폼을 구축하는 왕좌의 게임이 본격 시작되었습니다. 메타버스 플랫폼을 만들려면 작동 원리를 알아야 합니다.

〈제3부. 왕좌의 게임 - 메타버스의 작동 원리〉는 메타버스의 세 가지 유형, 플랫폼이 갖춰야 할 필수무기인 3C, 그리고 메타버스 경제생태계를 움직이는 NFT대체불가토큰에 대한 내용입니다.

NFT는 메타버스의 피와 같은 것입니다. 심장인 블록체인에서 만들어지는 NFT 없이는 메타버스 경제가 존속하기 어렵습니다. 왜냐면, NFT가 디지털 자산보증서이기 때문이지요. 웹3.0 시대를 맞아 NFT가 사회적 화두가 되고 시장도 폭발적으로 성장하고 있는데, 이는 디지털 사유재산의 개념이 생기기 시작했다는 시그널입니다.

곧 디지털 자본주의로 발화될 것인데, 잭 도시와 마크 앤드리슨이 갈등을 일으키는 게 바로 이 대목입니다. 궁극적으로 웹3.0 메타버스의 자본주의는 주주 자본주의가 아닌 탈중앙화된 피어peer 자본주의 형태로 수렴될 것입니다. 작동 원리가 블록체인과 NFT인 거고요.

마지막으로 〈제4부. 달라진 가치방정식 - 메타버스 마케팅의 문법〉에서는 새로운 마케팅 패러다임을 제시합니다. 마케팅은 낡았습니다. 웹3.0 메타버스에서는 경쟁, 시장, 소비자 등의 마케팅 명제가 달라져야 하고, 상품의 개념도 확대되어야 합니다. 물리적 상품을 잘 만들어 잘 팔면 성공하던 시대가 아닙니다. 가상상품, 증강상품, 대체상품을 기획해야 하고, ARG의 원리를 접목하는 게임식 마케팅으로 전환해야 합니다. 그것이 마케팅3.0의 개념입니다.

나는 메타버스의 유형을 가상현실, 증강현실, 그리고 대체현실로 구분합니다. 가상현실VR과 증강현실AR은 익숙한 개념이지만, 대체현실Alternate Reality은 국내에는 별로 소개되지 않아 생소한 용어입니다. 그러나 용어가 생소한 것이지 이미 일상에서 활용하고 있습니다. 앞서 예를 든 스크린 골프나 SNS 등이 대체현실의 사례지요.

메타버스 사업을 기획하려면 대체현실에 대한 이해가 필수적입니다. 많은 사업기회가 숨어 있고 궁극적인 메타버스로 가는 브리지가 바로 대체현실이기 때문입니다. 또 대체상품 기획이나 대체현실게임ARG : Alternate Reality Game 등 마케팅에서도 활용될 수 있습니다. 특히 ARG는 MMORPG다중접속 역할수행게임가 진화한 소셜 게임으로서 메타버스에 생명력을 불어넣어 입체적이고 역동적으로 만드는 부스터입니다.

2021년 11월 서울에서 열린 SBS D포럼SDF에서 메타버스 용어의 창안자 닐 스티븐슨은 메타버스를 MMORPG와 SNS라고 요약했습니다. 즉, 메타버스는 MMORPG의 원리가 적용된 소셜 미디어라고 정의할 수 있습니다.

나는 닐 스티븐슨의 의견에 동의합니다. ARG는 MMORPG로부터 뿌리 뻗어 나온 것이고, 보이는 메타버스의 모습을 보이지 않는 곳에서 움직이는 원리가 ARG에 담겨 있습니다. 미국 등 해외에서는 2000년대 초중반부터 수많은 ARG가 시도되었고 좋은 성공사례가 나오다가 스마트폰 시대가 되면서 시들해졌었습니다.

그러나 이제 웹3.0 메타버스 시대로 변하면서 ARG가 귀환하고 있습니다. 메타버스에서의 비즈니스 방식은 게임식gamification이 되고 있고, 그 원리가 ARG입니다. 대체현실과 ARG는 국내에는 많이 소개되지 않았던 내용이라 일독을 권합니다.

본격적인 웹3.0 시대입니다. 평면적이었던 웹2.0이 입체적으로 변하고 있고, 정적인 활동뿐 아니라 동적인 활동도 가능하게 만듭니다. 기술이 더 무르익으면 메타버스는 현실세계와 거의 똑같아집니다. 아예 현실세계를 옮겨 놓을 수도 있지요. 불공평하고 불합리한 현실세계에 염증을 느끼는 사람들은 거기로 이주해서 놀고 일도 하고 돈도 벌 수 있습니다.

이것이 현실이 되어 가고 있습니다. 메타버스에서 더 큰 돈을 버는 사례들이 늘어나고 있고, 젊은 세대들이 이동하고 있지요. 과거 산업혁명이 일어나 도시에 새로운 일자리들이 생겨나면서 농촌에서 도시로의 대이동exodus이 일어났던 역사가 21세기에 재현되는 듯한 분위기가 감지됩니다.

메타버스가 오고 있다는 표현보다는 세상이 메타버스로 변하고 있다는 말이 적절하다고 생각합니다. 어디 먼 곳에 메타버스가 있다가 오는 게 아니라, 이미 와 있었는데 이젠 사회 전반적으로 골고루 퍼져 가는 중이니까요. 이는 메타버스가 일부 특수층에 국한된 문제가 아니라 우리 모두의 일상사가 되고 있다는 뜻이기도 합니다.

비즈니스 생태계가 메타버스 환경으로 변하고 있습니다. 메타버스는 대기업이나 IT 공룡들만의 사업 터전이 아닙니다. 중소기업이나 소상공인들의 사업 스토리이기도 합니다. 특히 개인에게는 새로운 기회의 땅이 될 수 있고요.

인터넷의 역사를 돌이켜 보면 깨달을 수 있습니다. 인터넷 초창기 온라인 비즈니스는 IT 영역이라고만 생각했었습니다. 그러나 모든 비즈니스는 온라인으로 중심이 이동했고, 이젠 그 어느 업종이나 기업도 인터넷 없이는 사업할 수 없는 환경으로 변했습니다. 메타버스 역시 곧 그런 상황이 될 겁니다.

비즈니스뿐 아니라 학교가 변하고 직장과 직업, 주거공간, 화폐, 국가 체제 등에도 일대 전환이 일어납니다. 메타버스를 화려한 3D 그래픽의 게임플랫폼 정도로 생각하는 건 올바른 이해가 아닙니다. 메타버스는 문명의 이동 현상입니다. 산업문명이 저물고 인류가 스마트문명 시대로 진입한 거지요. 이것이 메타버스를 알고 준비해야 할 당위성입니다.

메타버스는 잠깐 일어났다 사그라지는 파도가 아니라 증폭되면서 밀려오고 있는 거대한 쓰나미입니다. 앞으로 10년 후면 우린 다른 세상에 살고 있을 겁니다. 10년 전을 되돌아보죠. 그 무렵 스마트폰을 쓰기 시작했는데, 벌써 넥스트 스마트폰 논의가 나옵니다. 변화는 갈수록 가속되겠지요.

지난 30년간 추적해 왔던 융합마케팅, 4차산업혁명, 블록체인 등 변화의 퍼즐 조각들이 웹3.0 메타버스에서 착착 맞춰지는 흥분감을 지울 수 없습니다. 희미했던 그림이 선명하게 드러나면서 마음이 설레기도 하고요. 이것이 책을 쓰게 된 동기입니다.

낯선 곳에 여행 가려면 그 지역의 언어, 역사, 문화, 라이프스타일, 경제시스템, 법과 제도 등을 미리 파악하고 가야 하듯이, 웹3.0 메타버스에서 살아가려면 공부가 필요합니다. 졸고가 메타버스 여행의 가이드북이 되길 기대합니다. 정독한다면, 웹3.0 메타버스 시대를 어떻게 대비하면서 사업을 기획하고 트랜스포메이션할지 통찰력을 얻을 수 있을 겁니다.

호모 사피엔스 역사상 이렇게 데이터가 많고 변화의 속도가 빠른 시대가 있었을까요? 그만큼 우리는 재미있고 역동적인 시절을 살아가고 있는 것 아닐까요? 메타버스로 보물찾기 게임 여행을 함께 떠나보시죠.

2022년 1월

김 용 태

# 제1부
# 오래된 미래 - 메타버스, 30년의 역사

# 제2부
# 웹3.0 시대 - 메타버스 게임의 법칙



M E T A V E R S E

## 제3부
## 왕좌의 게임 - 메타버스의 작동 원리

## 제4부
## 달라진 가치방정식 - 메타버스 마케팅의 문법



M E T A V E R S E

# 제1부

## 오래된 미래
## - 메타버스, 30년의 역사

WEB3.0 METAVERSE

# 1장. 1990년대, 메타버스가 잉태되다

## 응답하라 1994

1990년대 초, PC통신에 빠진 컴퓨터 마니아들이 있었다. PC들을 연결해 데이터를 주고받는 것인데, 개방되어 있어 이 세상 어느 컴퓨터와도 연결될 수 있는 인터넷과는 달리, 중앙에서 서비스하는 호스트 통신사업자가 존재하고 여기에 가입한 회원끼리만 통신할 수 있는 폐쇄적 구조다. 전자사서함, 생활정보, BBS Bulletin Board System라 불리는 게시판 등이 주메뉴였다.

한국에서는 천리안, 하이텔이 선발주자였고, 나우누리, 유니텔 등이 줄을 이었는데, 당시는 전화망을 이용했고, PC통신 하면 —드라마 〈응답하라 1994〉에도 PC통신하는 장면이 나온다— 텍스트만 죽 뜨는 푸른 바탕화면이 연상될 것이다. 이미지와 화려한 그래픽, 동영상

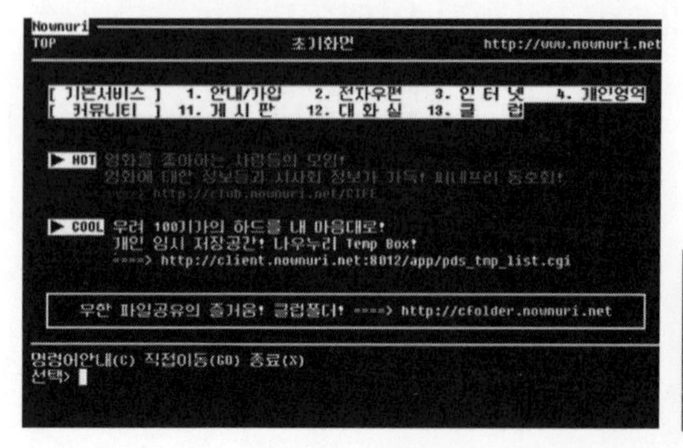

〈자료 1-1 : 1990년대 PC통신 화면의 예〉

이 넘치는 지금의 인터넷 화면과는 천양지차다.

그러다 1990년대 중반, 한국에도 인터넷이라는 것이 등장한다. PC통신 회사에 가입할 필요도 없이 네트워크만 연결하면 공짜로 —물론 전화 요금은 들지만— 이 세상 누구와도 메일이나 데이터를 주고받을 수 있고, 이전 어디서도 얻을 수 없었던 정보를 쉽고 빠르게 접할 수 있는 새로운 세상이 열린 것이다.

TV 광고에서 "밤새지 마~란 말이야" 외쳐도 사람들은 클릭질을 멈추지 않았다. 인류 역사상 이처럼 재미있는 장난감이 있었을까? 인터넷이 만든 웹www 생태계는 지구인의 놀이터뿐 아니라 비즈니스 기회의 땅이 되었다.

사람들은 왜 흥분했을까? 넓은 시야vision가 열렸기 때문이다. 사람들이 여행을 좋아하는 것도 같은 원리다. 낯선 환경에서 다른 사람들을 만날 때 우리 두뇌는 새로운 조합들을 만들어 내느라 분주해진다.

고정관념이 깨지고 생각의 프레임도 바뀌면서 안 보이던 것이 보이게 될 때 감동과 희열을 느끼는 것이다.

3차원 시공간에 사는 인류는 항상 더 높은 차원을 꿈꿔 왔다. 사실 3차원 존재는 사물을 2차원으로만 인식할 수 있지, 같은 3차원은 조망할 수 없다. 뇌 과학자들에 의하면 형상을 3차원으로 인식하는 건 착시 현상이라고 한다. 망막에 맺힌 2차원 이미지에 안 보이는 부분을 기억이 보완해 줘서 3차원이라고 착각한다는 것이다. 그러니까 온전한 3차원을 인식하기 위해서는 전지적 시점인 4차원으로 올라가야 한다.

4차원이라 할 수는 없더라도 인터넷은 3차원 시공간의 물리법칙을 파괴한 사건이다. 지구 반대편에서 일어나고 있는 일도 알 수 있고, 실시간 정보를 주고받을 수 있을 뿐 아니라, 문서나 콘텐츠들을 빛의 속도로 순간이동시킬 수 있으니까.

이렇게 1990년대는 전 세계가 인터넷으로 하이퍼링크hyper-link된 시기였고, 사람들이 희열을 느끼고 인터넷에 열광한 건 기존 시공간의 족쇄를 걷어치우면서 오랫동안 꿈꾸던 높은 차원의 신세계를 발견했기 때문이다.

### 초월적 시공간을 발견하다

당시 사람들이 발견한 것은 초월적 우주meta universe, 메타버스였다. 다른 세상에 다른 사람들이 모여 있었고, 그들은 다른 일들을 다른 방식으로 하고 있었다. 초월적 시공간에서 초월적 행위를 할 수 있게 되면서 지구인들은 흥분했고, 지구도 다른 세상으로 변하기 시작한 것이다.

지구인들은 새로 발견한 초월적 시공간을 무엇이라 부를지 고민했다. 사이버cyber, 온라인online 등의 용어가 등장했고, 팀 버너스 리는 월드와이드웹, 줄여서 웹web이라 이름 붙였다.

여기서 잠깐, 팀 버너스 리Tim Berners Lee의 이야기를 빼놓고 갈 수 없다. 왜냐면 그가 메타버스의 창시자라고도 할 수 있기 때문이다. 일반 대중들이 인터넷에 접속할 수 있게 된 것은 그가 주창한 프로토콜 덕분이다. 그것이 인터넷 주소창 맨 앞에 적혀 있는 httpHyper Text Transfer Protocol, 하이퍼텍스트 통신규약이다.

'하이퍼텍스트'는 번역하면 초월적 문서인데, 세상에 존재하는 텍스트들이 외떨어져 있는 것이 아니라 모두 시공간을 초월해서 연결되는 구조를 의미한다. 우리가 인터넷에서 마우스 커서를 특정 글자나 이미지에 갖다 대면 손가락 모양으로 변한다. 그걸 꾹 누르면 링크되어 있는 페이지로 이동하는데, 그건 텍스트 간에 하이퍼링크, 즉 초연결되어 있기 때문이다. 그것도 마구잡이로, 특정한 체계나 질서도 없이 비정형적으로 연결되어 있다.

이것이 하이퍼텍스트의 구조인데, 하이퍼텍스트라는 개념이 인터넷 생태계의 핵심원리이고, 인터넷이 메타버스를 창조할 수 있었던 힘은 바로 하이퍼텍스트에서 나온 것이다.

### 인터넷의 뿌리를 찾아서

HTTP 이전에는 일반인들은 인터넷에 접근할 수 없었다. 인터넷의 전신은 1969년 미국 방위고등연구계획국DARPA이 군사 목적으로 시작한 아르파넷ARPANET이라는 정보통신 네트워크다. 군사용, 연구용이다 보니 기밀 유지와 보안이 중요했고 당연히 폐쇄적일 수밖에 없었다.

또 상호 통신을 위해서는 약속체계를 정해야 했다. 그것이 통신 프로토콜인데, 컴퓨터나 통신 장비 사이에서 메시지를 주고받는 양식과 규칙의 체계를 뜻한다.

1980년대 들어 TCP·IP 프로토콜이 정비되고, 서버와 클라이언트 간 파일을 전송하기 위한 FTPFile Transfer Protocol나 전자메일을 보내고 받는 데 사용되는 SMTPSimple Mail Transfer Protocol 등이 활용되고 있었다. 여기에 HTTP를 추가시킴으로써 일반인들도 인터넷에 접속하게 만든 일등공신이 팀 버너스 리다.

팀 버너스 리는 1955년 영국에서 태어나 옥스퍼드에서 물리학을 전공하고 1980년대 CERN유럽입자물리연구소의 연구원으로 근무하고 있었다. CERN과 같은 연구소에서는 이전부터 당연히 컴퓨터 통신 네트워크를 사용했다. 연구의 효율성을 높이려면 정보를 상호 공유하고, 컴퓨터 간에 통신망을 깔고 메일이나 문서 파일 등을 주고받아야 하니까.

또 수천 명의 CERN 연구원들이 만들어 내는 연구 자료들을 통합 관리하는 것도 중요한 일이었다. 그런데, 과거에는 연구보고서를 쓰면 도서관이나 자료실에 보관하고 디렉터리별로 분류해서 관리했는데, 수천 명이 쏟아 내는, 그래서 점점 쌓여 가는 방대한 데이터를 감당할 방법이 없었다. 비유하자면, 정보가 홍수처럼 밀려오는 상황을 돛단배로는 막을 수 없는 노릇이었다.

### 팀 버너스 리, 하이퍼텍스트를 계승하다

팀 버너스 리가 이 문제를 고민한다. 대학 때부터 컴퓨터를 좋아했고, 잠시 통신회사와 이미지 컴퓨터 시스템 회사에서 일하면서 데이터 네트워크에 관한 경력을 쌓은 경험이 있었던 그는 1984년 CERN에 복직해서 연구소 정보검색시스템 구축 작업을 맡게 된다.

1980년대는 한창 컴퓨터가 개인화되던 때였는데, 연구원 개인들의 PC를 연결해서 서로 정보를 공유하고, 또 쏟아져 나오는 연구 페이퍼들을 도서관이나 자료실이 아닌 컴퓨터상에 모으고 분류하고 검색할 수 있는 효율적인 정보시스템을 고민하고 있던 차였다.

이때 사회학자 테드 넬슨이 제나두 프로젝트Project Xanadu에 사용한 '하이퍼텍스트'라는 개념을 발견한다. 하이퍼텍스트란 '초월Hyper'과 '문서Text'의 합성어로서 문서들을 중첩시켜, 다른 말로 하면 하이퍼링크를 통해 여러 문서를 넘나들 수 있도록 하는 것이다. 즉, 선형적이고 체계적으로 정보를 분류하고 보관하던 이전 인덱싱 방식과 달리, 하이퍼텍스트는 문서들을 비선형적으로, 체계를 초월해서 링크시키는 방식이다.

**〈자료 1-2 : 인터넷의 아버지라 불리는 팀 버너스 리〉**

HTTP를 주창하면서 HTML과 관련 소프트웨어를 만들었고,
월드와이드웹(www)이라는 개념을 창시했다.

테드 넬슨의 제나두 프로젝트는 비록 완성되지 못했지만 팀 버너스 리에 의해 계승되어 웹으로 구현되었다. 팀 버너스 리는 1989년 "링크로 연결된 문서 조각들의 거미줄이 고정된 계층구조보다 한층 더 유용하다"면서 하이퍼텍스트를 통신 프로토콜로 채택할 것을 주창했고, 지금 우리가 사용하는 인터넷 언어인 HTML, 그리고 관련 소프트웨어를 만든다. 그는 월드와이드웹[www]이라는 개념을 만들었고, 1994년부터 월드와이드웹 컨소시엄[W3C]을 설립해서 이끌면서 웹 표준과 가이드라인을 제시하는 일을 하고 있다.

인터넷에 일반인들이 접속하게 된 것은 국제정치적 변화와도 관련되어 있다. 1989년에 베를린 장벽이 무너지고, 1991년 소련이 해체되면서 제2차 세계대전 이후 지속되어 오던 냉전체제가 종식된 것이다. 중국이 개방개혁을 표방하면서 대한민국과 수교를 맺은 것도 1992년이다. 이러한 정치 역학의 변동이 없었더라면 팀 버너스 리의

HTTP는 받아들여지기 어려웠을 것이고, 통신 네트워크는 여전히 일반인이 접근할 수 없는 폐쇄적인 시공간으로 남아 있었을지 모를 일이다.

이렇게 1990년대는 메타버스가 잉태되던 시기라 할 수 있다. 아기에 비유하자면, 하이퍼텍스트라는 유전자를 물려받은 생명체가 인터넷이라는 자궁에서 잉태되고, 데이터라는 자양분을 먹으면서 자라나기 시작한 것이다.

## 인터넷과 웹은 다르다

1990년대 사람들은 너나없이 인터넷에 빠져들기 시작했다. 토끼를 쫓던 앨리스가 토끼굴에 빠져 이상한 나라wonderland로 들어갔듯이 호모 사피엔스는 인터넷 세상에 들어간 것이다. 인터넷은 인류 역사상 최고의 장난감이었고, 인터넷 속 세상은 너무나도 신기하고 재미있는 놀이터였다.

앨리스가 빠진 원더랜드가 다른 물리법칙을 갖고 있듯이 인터넷 세상도 현실세계의 물리법칙이 통하지 않는 놀라운 나라다. 시공간을 초월해서 지구 반대편에 있는 사람과도 실시간 정보를 주고받을 수 있고, 쉽게 구할 수 없었던 파일도 빛의 속도로 순간이동시킬 수 있고, 모르는 사람들과 함께 게임도 즐길 수 있다.

인터넷 세상은 뉴턴의 물리학이 안 먹힐 뿐 아니라 기존 사회제도나 질서에도 반하는 공간이다. 현실세계가 순서의 세계world of sequence

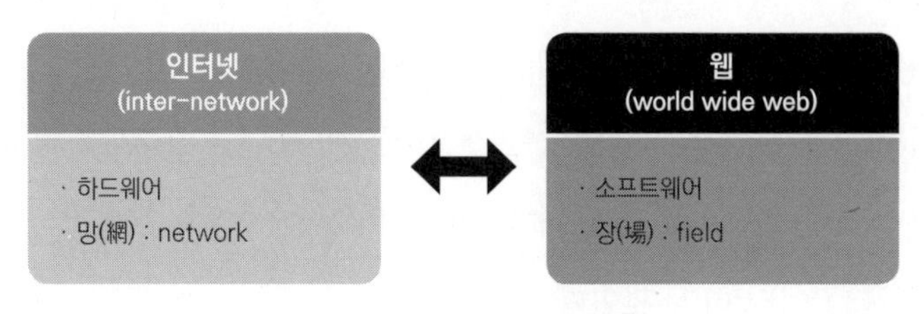


**〈자료 1-3 : 인터넷과 웹의 차이점〉**

라면 인터넷 세상은 모호함의 세계world of blur라 할 수 있다.

더구나 인터넷은 고유명사가 아니다. 상호 간을 의미하는 'inter'와 네트워크 'net'의 합성어인데, 서비스를 제공하는 중심이 되는 호스트 서버도 없고 이를 관리하는 중앙조직도 없기에 붙여진 이름이다. 누구나 서버가 될 수 있고, 클라이언트도 될 수 있다. 즉, 자율적이고 오픈되어 있는 시스템인 셈이다. 모든 사람에게 기회가 열려 있고 학력이나 스펙도 중요하지 않다. 또 전혀 다른 문법을 갖고 있다. 기존 통념에 얽매여 있던 사람들은 소통이 힘든 이유가 여기에 있다.

사람들은 팀 버너스 리의 제안에 따라 인터넷이 만든 새로운 생태계를 웹으로 부르기 시작했다. 여기서 잠깐, 인터넷과 웹은 다른 차원의 개념임을 이해하고 가야 한다. 한마디로 정리하자면, 인터넷은 하드웨어고 웹은 소프트웨어다. '인터넷'은 문자 그대로 서로 연결되는 망網, network이고, 네트워크에 데이터가 흐르면서 만들어진 에너지의 장場, field이 '웹'이다. 마치 전선에 전류가 흐를 때 전기장이나 자기장이 생기듯.

즉, 1990년대 대중에게 확산되기 시작한 인터넷이 웹이라는 가상의 땅field을 만든 것이고, 웹2.0 환경에서 플랫폼platform으로, 그리고 디지털과 ICT 기술의 진화로 플랫폼이 입체적이고 다이내믹하고 지능적인 모습으로 진화한 생태계가 메타버스metaverse다. 그래서 메타버스를 웹3.0이라 하는 것이다.

## 사이버 대륙으로 항해한 사람들

1990년대 들어 조성된 웹은 새로운 기회의 땅으로 부상했다. 15세기 말 아메리카 대륙의 발견으로 대항해시대가 시작되었던 역사가 20세기 말 재현된 것이다. 모험적인 젊은이들의 사이버 신대륙 개척이 본격화되었다. 가장 발 빨랐던 건 인터넷 종주국이었다.

1993년 일리노이대 학생이었던 마크 앤드리슨과 에릭 비나는 웹브라우저를 만들어 보자는 데 의기투합한다. 당시에는 팀 버너스 리가 만든 웹브라우저를 통해 접속했는데 단점은 텍스트 위주라는 것. 즉 지금처럼 그림 이미지나 음악, 동영상 등이 포함된 멀티미디어 서비스는 불가능했다. 그걸 가능하게 만든 게 최초의 그래픽 웹브라우저인 '모자이크'였다. 마크 앤드리슨은 이듬해 넷스케이프Netscape를 창업해 1년 만에 상장 대박을 터뜨린다. 윈도95 버전부터 인터넷 익스플로러를 끼워 팔면서 넷스케이프는 역사 속으로 사라졌지만, 이후 마크 앤드리슨은 벤처 캐피털리스트로 활동하며 많은 스타트업을 지원하고 있다.

1900년대 중반부터는 인터넷 회사들이 창업 러시를 이룬다. 타이완에서 태어나 10살 때 산호세로 이민 간 제리 양은 스탠퍼드 대학원 시절 룸메이트 데이비드 필로와 함께 주위 친구들에게 웹에서 정보를 찾는 일을 도와주다가 '제리 양의 월드와이드웹 가이드'를 만든다. 디렉터리로 구분해서 정보를 쉽게 찾을 수 있게 구성한 것인데, 반응도 좋고 인기를 끌자 1995년 아예 포털 사이트 야후Yahoo를 창업한다.

온라인 쇼핑몰 이베이eBay도 1995년 창업된다. 한 소프트웨어 회사에서 프로그래머로 일하던 피에르 오미디아르는 캔디 케이스 수집광인 자신의 애인을 도와주려고 인터넷을 뒤지다가 문득 온라인 벼룩시장을 만들어서 서로 사고팔고 교환도 할 수 있도록 하면 좋겠다는 아이디어를 떠올렸다. 이렇게 직접 만들어 올린 '경매 웹' 사이트가 폭발적인 인기를 끌게 된 것이 이베이의 시작이었다. 처음에는 단지 캔디 케이스를 염두에 뒀지만 다른 품목들도 올라오고 사람들이 몰려들기 시작하는 걸 보면서 오미디아르는 새로운 세상을 발견한 것이다.

그는 아예 직장을 그만두고 창업에 전념한다. 판매하려는 사람과 구매하려는 사람 간에 경매 방식으로 상품을 사고팔 수 있도록 하고, 자신은 일정 비율의 거래수수료를 받는 중개자 역할만 하는 방식을 택했는데, 그래야 결제나 배송 등 운영 위험을 최소화할 수 있었기 때문이었다. 이베이는 인터넷의 연결성을 이용해서 사람들이 소유하고 있는 잉여자원을 서로 사고팔 수 있는 최초의 플랫폼이다.

30살의 제프 베조스가 다니던 헤지펀드 회사를 그만두고 아마존을 창업한 것도 이 무렵이다. 아마존의 시작은 아주 단순했다. 오프라인 서점을 온라인으로 대체한 모델이었는데, 아마존은 단순히 온라인 서가만 만든 게 아니라 책에 대한 정보와 일반 독자들의 서평을 올릴 수 있는 코너를 만들었다. 지금은 모든 인터넷서점의 형태지만 90년대 당시에는 획기적인 것이었다. 아마존 이전에는 책에 대한 정보나 평가는 다른 미디어를 통해 얻었다. 신문이나 잡지, 주위 사람들과의 대화 등등. 그런데, 아마존은 미디어 기능을 유통에 융합시킴으로써 후일 플랫폼으로의 도약의 발판을 마련한 것이다.

### 지구에 새로운 기운이 맴돌다

중국도 웹에 있어서는 만만디가 아니었다. 개혁개방 물결을 탄 중국의 1990년대는 창업 천국이라고 할 수 있었다. 특히 1992년 덩샤오핑鄧小平의 남순강화는 수많은 중국 청년들의 마음에 불을 질렀는데, 미국으로 유학 가려던 청년들이 그 돈으로 창업을 하고, 떠났던 유학생들도 고국으로 돌아와 창업하는 사례들이 늘어났던 것이다.

중국의 BAT라 불렸던 바이두, 알리바바, 텐센트 역시 1990년대 후반에 창업한다. 광둥성 출신의 마화텅馬化騰이 삐삐 만들던 선전텔레콤에 다니다가 ICQ—후일 QQ로 개명한다—라는 채팅형 인스턴스 메신저를 개발하면서 텐센트를 창업한 것이 1998년이었고, 1999년 마윈馬云은 B2B 전자상거래 사이트 알리바바를 창업한다.

'중국판 구글'이라 불리는 바이두百度 역시 1999년경 시작되는데, 창업자 리옌홍李彦宏은 미국 유학 후 월스트리트와 인포시크에서 근무하다가 실리콘밸리 대신 베이징행을 택한다. 이때 창업한 중국의 IT 기업들은 현재 중국경제의 중추가 되어 있다.

한국에서도 인터파크, 다음과 네이버가 이 무렵 시작되었다. 일일이 거론하기 힘들지만 1990년대는 수를 셀 수없이 많은 성공과 실패 사례들이 쏟아지면서 지구상에 새로운 기운이 감돌던 시기였다. 팀 버너스 리의 공헌으로 열린 사이버 신대륙에 영민한 청년들의 골드러시 항해가 이어졌고, 비즈니스의 기류도 바뀌게 된다.

### 역전과 이동

1990년대 인터넷은 지각판을 흔들면서 게임의 법칙을 바꿔 놓았다. 그 힘은 연결과 융합에서 나왔다. 1995년 백과사전의 대명사 브리태니커가 개인투자자에게 헐값에 매각되었다는 뉴스는 미국 사회에 충격을 안겨 주었다. 250년 전통의 뿌리 깊은 나무가 인터넷이 일으킨 지각변동에 순식간에 뽑혀 버렸기 때문이다. 지금 와서 생각해보면 당연한 이치다. 소수 전문가들이 작성한 브리태니커의 텍스트가 초월적으로 링크되어 있는 하이퍼텍스트를 무슨 수로 이길 수 있겠는가?

0과 1의 비트bit로 전환될 수 있는 문서, 사진, 음원, 영상, 미디어 등의 콘텐츠산업은 직격탄을 맞았다. 아날로그를 디지털로 바꾸고 인터넷으로 연결해 융합시켜 버리니까 당해 낼 재간이 없었던 것이다. 결국, 2000년 AOL America Online과 타임워너 Time Warner의 합병이 발표되었는데, AOL이 메이저가 된다. 역전이 일어난 것이다. 타임지, CNN, HBO, 워너브라더스 등을 거느린 미디어제국의 기업가치가 신생 AOL에도 못 미친다는 말인가? 후일 기업문화의 차이를 극복하지 못하고 다시 분할되었지만, AOL-타임워너의 사례는 인터넷의 파워를 실감하게 했다.

전통기업들도 긴장하지 않을 수 없었다. 비즈니스의 판도가 오프라인에서 온라인으로, 즉 현실세계에서 웹이라는 사이버공간으로 이동하는 추세가 뚜렷했기 때문이다. 회사들은 너나없이 홈페이지를 만들고, 사업영역을 온라인으로 옮기는 작업을 서둘렀다. 문제는 이상한 나라의 물리법칙과 문법을 이해하지 못하고 무늬만 바꿨다는 데에 있다. 그것이 결국 2000년대 초의 닷컴버블로 터진 것이다.

20세기 말 디지털과 인터넷이 일으킨 지각변동을 3차 산업혁명이라 부르기도 한다. 용어야 어찌 됐든 연결과 융합, 역전과 이동 등 무시무시한 변화가 일어난 것은 사실이다. 그러나 이것은 서곡에 불과했다. 진짜 무서운 변화는 21세기 들어 모습을 드러낸다. 초기의 웹 생태계가 1차원 수준이었다면 2차원 웹2.0으로 진화하면서 근원적인 전환이 일어난 것이다. 그리고 그것이 인공지능, VR, 이미지처리 기술 등의 발전으로 3차원 웹3.0 모습으로 구체화되는데 그걸 요즘 메타버스라는 용어로 부른다.

### 확률론적 방정식과 애자일 경영학

웹의 DNA가 유전된 웹3.0 메타버스는 우리가 알던 세상이 아니다. 구성물질이나 구조도 다르고, 작동 원리 역시 딴판이다. 뉴턴의 물리법칙이 먹히지 않는다. 모든 것이 융합될 수 있고, 무엇과 무엇이 어떻게 연결되어 어떤 결과물로 변형될지 예측하기 어려운 이상한 나라다.

뉴턴역학은 결정론적인 데 비해 양자역학은 확률론적이다. 즉 불확정성uncertainty을 주장하면서 모든 물체는 확률로 존재한단다. 메타버스는 슈뢰딩거의 고양이 같다. 상자를 열어 보기 전까지는 고양이가 살아 있는지 죽었는지 알 수 없다. 생과 사가 중첩되어 있다는 슈뢰딩거의 가설에 20세기 최고의 물리학자 아인슈타인조차 "신은 주사위 놀이를 하지 않는다."라며 손사래를 쳤다. 그러나 양자물리학은 더 많은 현상을 설명하고 있고, 21세기 인류는 곧 500년 전 겪었던 코페르니쿠스 쇼크를 받게 될지 모른다.

메타버스는 양자역학에서 말하는 '불확정성'의 원리가 적용되는 곳이다. 모호함의 세계world of blur, 뒤죽박죽 일정한 질서도 없고 울타리도 없는 야생의 땅이다.

그러므로 메타버스 비즈니스의 성공조건은 애자일agile 경영이다. 즉, 기민하게 움직이고 반응을 보면서 날렵하게 수정해 가는 전략이 주효하다. 메타버스는 뉴턴의 물리법칙이 듣지 않는 곳이고, x값을 넣으면 y값이 정해지는 결정론적 방정식이 아니기 때문이다. 메타버스 방정식은 어떤 y값이 도출될지 정답이 없는 확률론적 방정식이다.

전통기업은 굼뜨다. 신제품 내려면 시장조사하고 연구개발하고 생산까지 하려면 족히 1-2년은 걸린다. 그때 되면 소비자들은 이미 저만치 가 있다. 그런 순차적인 방식으로는 요즘같이 변화가 빠르고 불확실성이 증폭되는 시기에 트렌드를 따라잡을 수 없다. 사업계획서가 두꺼울수록 더 빨리 망한다.

메타버스에서는 빠른 속도로 계속해서 움직이는 노마드 정신이 필요하다. 메타[前 페이스북]가 강조하는 모토가 있다. “Move fast, and break things[빠르게 움직이고, 깨뜨려라].” 메타버스 플랫폼을 노리는 기업들의 공통점이 빠르게 움직이고 깨뜨리면서 실패를 학습하는 것이다.

웹[web]은 메타버스의 태아 모습이다. 즉, 1990년대는 디지털과 결합해 인터넷이라는 자궁에서 메타버스가 잉태된 시기라 할 수 있는데, 21세기 뉴 밀레니엄 들어 웹1.0은 웹2.0으로 진화한다. 웹1.0이 어떻게 2.0으로 진화했는지, 또 게임의 법칙이 어떻게 변했는지 다음 장에서 이야기를 계속 이어 가자.

# 2장. 웹2.0시대, 집단지성이 태동하다

## 지미 웨일스의 위키 실험

요즘 백과사전을 보는 사람은 없다. 검색하면 다 나오는데 누가 책을 꺼내서 찾는 귀찮은 일을 하겠는가? 그 뿐 아니다. 새로운 지식이 계속 쏟아져 나오고 내용도 급변하는 상황에서 종이 백과사전은 더 이상 존재 이유가 없어졌다.

1995년 브리태니커가 몰락하는 것을 보면서 종이 대신 웹에 기록하는 백과사전을 만들면 되겠다고 생각한 사람이 있었다. 지미 웨일스Jimmy Wales. 종이에 인쇄하고 책으로 제본하려면 고정비용이 들지만, 텍스트를 디지털화해서 웹에 올리면 큰 비용이 들지 않는다. 그렇게 만든 것이 누피디아Nupedia였다.

지미 웨일스는 대학에서 재무학을 전공하고 1994년부터 시카고

옵션거래소에서 근무하던 선물거래 전문가였다. 어릴 적부터 독서를 좋아하고 호기심이 많았던 그답게 인터넷의 매력에 빠져들기 시작했다. 1996년에는 전화로 점심을 주문하는 직장인들을 보면서 온라인으로 음식을 주문하는 웹 사이트를 만든다. 배달의 원조라고 할 수 있겠다. 그러나 그 당시에는 사람들의 인식도 부족하고 배달 인프라도 갖춰져 있지 않은 상황이었으니 성공하기 쉽지 않았을 것이다. 또 '3APES.COM'이라는 검색 사이트도 만들었다. 그러나 또 실패.

"Jimmy is good at failure나는 실패에 익숙하다."라고 말하는 그는 실패를 잘하면서도 즐긴다. 사실 디지털 창업은 큰 자본이 들지 않는다. 아날로그 산업시대는 자본주의였다. 상품을 만들려면 공장과 기계가 필요하고, 원재료 구매비용도 들다 보니 자본 없이는 사업을 일으키기 어려운 환경이었고 자본이 핵심 경영자원이었다. 그러나 디지털과 인터넷을 활용하는 창업은 기회비용이 크게 들지 않는다. 0과 1의 비트를 최소단위로 하는 디지털이 아날로그와 다른 점은 변형, 복제, 확산이 매우 쉽다는 것이다. 일단 만들어 보고 아니면 빨리 바꾸면 된다.

지미 웨일스는 삼절굉을 겪은 사람이다. '절굉折肱'이란 '팔이 부러진다'는 의미인데, 《춘추좌씨전》의 "三折肱知爲良醫삼절굉지위량의: 팔이 세 번 부러져야 훌륭한 의사가 된다."에서 유래한 단어다.

배달사이트, 검색사이트, 그리고 누피디아 모두 실패로 돌아갔다. 누피디아는 왜 실패했을까? 누피디아는 종이 대신 웹에 기록한다는 차이가 있을 뿐, 브리태니커류 백과사전들처럼 집필진 섭외해서 콘텐츠 구성하고 퍼블리싱하는 구조나 프로세스는 동일하다. 새로운 용어가 나오면 추가해야 하고, 바뀌는 내용도 계속 업데이트해 주어야 한다.

여기서 지미 웨일스는 생각을 뒤집는다. 일반인들을 집필진으로 끌어들이자는 발상의 전환이다. 지금까지 콘텐츠의 생산자는 전문가들이었고 일반인들은 그걸 보기만 하는 정보소비자에 불과했다. 그러나 인터넷 세상에서는 누구나 콘텐츠 생산 과정에 참여할 수 있고, 학자나 전문가보다 더 전문성을 발휘할 수도 있다. 하이퍼텍스트hypertext 구조의 인터넷이 권력을 이동시키는 것이다.

위키피디아는 지구인 누구나 집필진으로 참여할 수 있고, 해당 주제어에 대해 자유롭게 업로드하거나 수정할 수 있는 집단지성형 백과사전이다. 원래 위키wiki는 '빨리빨리'라는 의미의 하와이어인데, 이를 소프트웨어 용어로 처음 사용한 사람은 1995년 최초의 협업 사이트인 '위키위키웹WikiWikiWeb'을 만든 워드 커닝햄이다. 위키라는 이름을 붙인 건 불특정 사용자가 직접 내용을 편집·수정하려면 매우 빠르고 직관적이고 단순한 데이터베이스가 필요하기 때문이다.

2001년 위키피디아가 시작되었는데, 초기에는 우려가 컸다. 글을 쓴다고 누가 보상해 주는 것도 아닌데 사람들이 적극적으로 참여할까, 일반인들이 쓰다 보면 내용이 허접하거나 오류가 생기지 않겠는가, 장난으로 올리거나 악의를 품은 사람이 해킹이라도 하면 어떻게 하나 등등. 그러나 웹은 오묘한 세상이다. 사람들이 적극적으로 참여하고, 스스로 감시하고 수정해 가는 자정自淨능력이 생겼으며, 빠른 속도로 업데이트되었다. 집단지성의 힘이 이렇게 무섭다. 메타버스도 그렇다.

## 블로그, 소비자를 생산자로 세우다

위키피디아의 뜻밖의 성공은 매우 상징적인 의미를 갖는다. 기존에는 콘텐츠를 소비만 하던 일반인들도 정보의 생산자로 활동할 수 있는 가능성이 열렸기 때문이다. 블로그도 소비자를 생산자로 세우는 정보 플랫폼이다.

블로그는 웹weB과 기록을 의미하는 로그LOG의 합성어인데, 사실은 사람들이 예전부터 해 오던 작업이다. 일기장에 일기 쓰고, 신문·잡지에서 기사나 그림 등을 스케치북에 오려 붙이고 메모도 하지 않았던가? 그걸 종이 대신 웹에 기록하고 보관하는 것이 블로그다. 과거에는 혼자만 보관할 수 있었는데, 다른 사람과도 공유할 수 있는 게임판이 깔린 것이다.

블로그 생태계가 활성화되자 월수입이 수천만 원에 이르는 슈퍼블로거들이 나타나기 시작했다. 자신이 좋아하고 관심 있는 주제로 블로그에 글을 올리기만 해도 돈을 벌 수 있는 인프라가 조성되었기 때문이다. 트랙백과 RSS 등의 소프트웨어가 블로그 생태계를 가능하게 만든 기술적 배경이 되었지만, 블로그 생태계에 경제성을 접목함으로써 일반인도 수익을 창출할 수 있는 생산시스템으로 업그레이드한 것은 구글이었다. 더 정확히 말하자면 애드센스AdSense라는 광고프로그램이다.

## 두 공대생의 이상한 창업

여기서 잠깐, 구글 이야기를 하고 가자. 구글의 성공은 참으로 아이러니한 일이다. 1998년 검색서비스를 시작한 구글은 21세기 들면서 순식간에 세계 최고의 기업가치를 인정받는 거인으로 급부상했지만, 시작은 단순하고 무모했다. 비즈니스 모델이 독특한 것도 아닌 데다 차별화 포인트도 없었고, 어떤 식으로 돈을 벌겠다는 계획도 없이 두 공대생이 자신들의 박사학위 논문을 사업모델화한 것이었다. 또 구글이 검색엔진을 발명한 최초의 회사도 아니고, 더구나 기존의 경영학 이론으로 보면 사업의 '사'자도 모르는 회사다.

창업 당시 래리 페이지와 세르게이 브린은 박사학위 논문을 쓰고 있던 스탠퍼드 대학원생들이었다. 그들의 논문 주제는 검색엔진의 알고리즘이었는데, '페이지랭크Page Rank'라는 아이디어를 생각한다. 페이지랭크란 간단히 말하면, 웹페이지에 랭킹을 매기는 방식이다.

예를 들어, '대학'이라는 검색어를 치면 당시 알타비스타나 인포시크 등 기존 검색엔진은 중요도에 상관없이 그냥 대학사이트들을 죽 열거하는 반면, 페이지랭크는 각 페이지마다 중요도와 연관성의 가중치 점수를 매겨서 높은 점수의 웹페이지를 상위에 노출한다. 이것이 오늘날의 구글을 만들어 준 검색 알고리즘이다.

세르게이 브린과 래리 페이지는 페이지랭크 알고리즘을 적용한 검색엔진을 만들고 검색사이트를 열었다. 이게 구글의 시작이었다. 두 명의 순진한 공돌이들은 검색을 판매해야 할 상품으로 생각하지 않았다. 어떻게 판매해서 수익을 창출할 것인지 아이디어도 없었고,

검색엔진을 다른 포털 사이트나 기업에 판매하려는 시도도 별로 하지 않았다.

그렇다면 야후나 네이버처럼 포털 사이트로 꾸며서 배너광고라도 붙여야 하지 않겠는가? 당시 모든 포털 사이트의 초기 수익모델은 배너광고였다. 그러나 지금도 www.google.com에는 빈 화면에 검색창 하나 달랑 있을 뿐이다. 창업자들이 상업적인 사업모델을 싫어해서 구글 홈페이지에 배너광고를 붙이는 것을 반대했기 때문이다. 그래서 구글 사이트에는 검색창만 있고 배너광고나 상업적인 메시지는 찾아볼 수 없다. 산업시대의 관념으로 보면 비즈니스 마인드도, 마케팅전략도 없는 두 순수청년은 그냥 그게 자신의 업이라고 생각하고 저지른 것이다.

그런데 이상하지 않은가? 배너광고도 하나 붙어 있지 않고, 자신의 울타리 안에 들어온 사용자들을 오랫동안 머물게 하려고 붙잡아두는 전략을 펴는 여타 포털 사이트들과 달리, 검색이 끝났으면 다른 블로그나 사이트로 이동해 가라고 쫓아내는 구글은 20년도 안 되어 세계 최고의 기업으로 성장했다. 구글은 어떻게 돈을 벌 수 있었을까?

사실 초기 2-3년간 구글은 돈을 벌지 못했다. 서버 유지비용을 감당하지 못해 스탠퍼드대의 서버를 몰래 썼다는 일화가 있을 정도다. 구글의 잠재력을 알아보고 투자해 준 실리콘밸리의 천사들이 없었더라면 구글은 젊은 청년들의 취미활동으로 끝났을 수도 있다.

## 구글의 두 가지 광고상품

구글의 반전은 두 젊은 여성의 아이디어에서 시작됐다. 구글에는 크게 두 가지의 광고상품이 있다. 애드워즈와 애드센스인데, 애드워즈는 대부분 포털 사이트의 주 수익원인 검색어 광고, 다른 말로 키워드광고다. 예를 들어, 어떤 검색어를 치면 최상단에 관련 광고들이 죽 뜨는데, 클릭하면 광고주 사이트로 이동하게 되고 CPC Cost per Click 방식으로 자동 과금되는 광고상품이다.

애드워즈 AdWords 사업을 이끈 사람은 쉐릴 샌드버그였다. 하버드대에서 경제학과 MBA를 마치고 맥킨지와 미 재무부에서 일했던 그녀는 2001년 구글 입사 제안을 받는다. 그러나 당시 엔지니어 위주 조직인 구글은 문송들에게는 매력적인 기업이 아니었다. 에릭 슈미트 CEO의 끈질긴 구애로 구글에 입사한 그녀는 애드워즈 사업의 혁신을 이끌겠다고 자청한다.

당시 CPC 방식의 키워드광고는 1997년 시작된 오버츄어 Overture 가 선도하고 있는 상황이었는데, —오버츄어는 2003년 야후에 매각된다— 구글은 애드워즈의 성공으로 성장의 발판을 만들게 된다. 쉐릴 샌드버그는 이후 페이스북으로 옮겨 COO를 맡고 있다.

그러나 애드워즈는 구글만의 독창적인 광고모델은 아니었다. 구글에게 엄청난 수익을 안겨 주고, 또 일반 대중들도 생산자로 변신해서 돈을 벌 수 있는 새로운 경제시스템을 만든 것은 애드센스 AdSense 다. 애드센스는 블로그 생태계에 경제성을 접목함으로써 생기를 불어넣었고, 현재 로블록스나 제페토, 더샌드박스, 디센트럴랜드 등 메타버스 플랫폼들에서 활동하는 창작자들의 수익모델의 원형archetype 이라고 할 수 있다.

### 웹을 놀이터에서 일터로 바꾼 애드센스

그럼 애드센스가 무엇인가? 우리는 거의 매일 애드센스 광고를 보고 있다. 유튜브 영상을 보다 보면 중간중간 광고가 뜨는데 그게 애드센스다. 유튜버들은 영상만 잘 만들어 업로드하면 된다. 일정 구독자 수와 누적조회수만 넘으면 구글이 알아서 광고주를 유치해서 광고를 붙여 주기 때문이다. 유튜브 크리에이터들이 돈을 벌 수 있는 것이 애드센스 때문이다.

지금은 익숙해졌지만 20년 전만 하더라도 애드센스는 생소한 개념이었다. 애드센스는 구글 사이트 내에 광고를 노출하는 것이 아니라 다른 일반인들의 블로그나 사이트—그들을 '파트너'라 부른다—에 광고를 붙이는 방식이다. 즉, 남의 집 담벼락에 광고를 게재하는 셈이다.

예를 들어, 구글에서 검색하면 연관 블로그나 사이트들이 죽 뜨는데, 그중 한 블로그를 클릭하면 그 사이트로 이동하게 된다. 거기다 배너광고를 붙이는데, 광고유치와 게재는 모두 구글이 알아서 해 주고 블로거와 광고 수익을 배분한다. 애드센스 광고프로그램은 블로그와 유튜브 등 SNS에 적용되었다.

애드센스를 낳은 일등공신이 현재 유튜브의 CEO인 수전 워치츠

키Susan Wojcicki다. 그녀는 구글 창업 초기 자신의 차고를 빌려주었고, 그녀의 동생은 세르게이 브린과 결혼했었던 인연이 있다. 하버드에서 인문학을 전공하고 UCLA MBA 과정을 마친 후 구글의 16번째 직원으로 입사했고, 마케팅 매니저로 애드센스 사업을 이끌었다. 2006년 구글은 스타트업이었던 유튜브를 한화 약 2조 원에 인수했는데 비싼 인수가격 논란에도 불구하고 그녀는 숨은 보석을 찾아낸 일등공신이 되어 현재 유튜브의 경영을 맡고 있다.

애드센스는 돌풍을 일으키면서 이전에는 존재하지 않았던 새로운 형태의 광고시장을 만들어 냈고, 2004년부터는 구글 수익의 절반을 넘어서게 되면서 애드워즈와 함께 구글 광고의 양대 축을 이루었다. 수익의 90%가 광고에서 나온다는 점에서 구글은 광고회사다.

슈퍼블로거들이 한 달에 수천만 원씩 벌 수 있는 것이 애드센스 덕분이었고, 애드센스는 오늘날의 구글이 있게 만들어 준 효자상품이다. 또 웹 생태계를 단순한 놀이터가 아닌 일터로 전환시켜 오늘날 메타버스 경제시스템의 주춧돌이 된 것이 애드센스다.

### 오픈 플랫폼에서의 마케팅 문법

애드센스의 성공은 시사하는 바가 크다. 그것은 21세기 뉴 밀레니엄 들면서 웹 생태계가 울타리 정원walled garden에서 오픈 플랫폼open platform으로 변했다는 것을 의미한다. 대부분의 포털 사이트는 울타리 정원이다. 콘텐츠를 뉴스, 엔터테인먼트, 생활 정보, 게임 등 디렉터리별로 분류하고 정원처럼 예쁘게 꾸며서 소비자들이 그 안에 머물면서 오랜 시간을 보낼 수 있게 해야 돈을 벌 수 있었다. 즉 울타리를 벗어나지 못하도록 가둬 놓고 담벼락에 배너광고를 붙이는 방식이다.

그러나 애드센스는 거꾸로다. 구글 사이트에는 울타리가 없다. 사용자가 검색 결과를 보고 관심이 가는 블로그나 사이트를 클릭하는 순간 구글 밖으로 빠져나가는 것이다. 구글은 거기에, 즉 남의 담벼락에 광고를 붙인다. 미국 USA 투데이가 "애드센스는 기본적으로 웹을 거대한 구글 광고판으로 전환했다. 그것은 실질적으로 구글이 모든 사람의 콘텐츠를 구글의 광고영역으로 바꾸어 놓았다는 뜻이다."라고 한 것이 이런 맥락이다.

생각해 보라. 울타리 안과 울타리 밖 중 어디가 더 큰 세상인가? 포털 사이트 야후가 몰락한 반면 구글은 토네이도 기류라도 만난 양 순식간에 날아오를 수 있었던 비결은 야후가 좁은 울타리 안에 안주하고 있을 때 구글은 넓은 바깥 플랫폼으로 향했던 데에 있다.

시야vision가 이렇게 무섭다. 무엇을 보고 어떻게 인식하는가에 따라 미래가 결정되는 것이다. 구글 애드센스는 사용자들을 마케팅 대상이 아니라 마케팅 파트너로 대우했다. 즉 소비자와 함께 가치를 창출하고 그 열매를 나누는 것이다. 기존 마케팅에서 소비자consumer란 마케팅 대상에 불과했다. 그러나 오픈 플랫폼에서는 생산 과정에 참여하는 프로슈머prosumer고, 마케팅 파트너다.

이것이 웹 생태계를 계승한 웹 3.0 메타버스의 핵심원리다. 메타버스는 현실세계와는 다른 시공간이다. 기존 현실세계 비즈니스의 주인공은 기업이었고, 무대 위에는 생산자들이 서 있었다. 소비자들은 무대 밑에서 기업들이 연출하는 공연을 일방적으로 보고 그들이 생산하는 상품을 소비만 하는 관객에 불과했다.

그러나 웹3.0 메타버스 비즈니스의 주인공은 소비자다. 그들은 자발적으로 무대를 함께 꾸미고 생산한다. 이제는 소비자들을 울타리 안으로 끌어들이는 것이 아니라 함께 오픈 플랫폼으로 나가서 어울려 노는 전략이 필요해진 것이다.

웹3.0 메타버스에서는 코페르니쿠스적인 인식의 전환이 필요하다. 기업들은 자신이 중심이라는 착각에서 벗어나야 한다. 소비자들이 생산자를 중심으로 도는 게 아니라 고객이 중심축이고 자신들이 돌고 있다는 것을 깨닫고 생각의 프레임을 바꿔야 하는 것이다. 이 차이점을 이해하지 못하고 메타버스를 기존 방식으로 경영하려는 기업들은 메타버스라는 새로운 생태계에서 도태되고 말 것이다.

## SNS 창업 열풍

21세기 초는 블로그의 전성시대였다. 기업들도 홈페이지 구축에서 한발 나가 블로그 마케팅에 뛰어들었다. 사실 기업 홈페이지는 종이에 인쇄해서 배포했던 회사소개 카탈로그를 디지털화한 수준이었다. 자랑 일색인 그런 사이트에 누가 일부러 찾아가겠는가?

21세기 접어들면서 고객을 끌어들이고 울타리 안에 머물게 하는 전략이 먹히지 않는 환경의 변화가 일어났고, 기업들이 고객을 찾아 바깥세상으로 나가서 소통하는 전략이 필요해진 것이다.

블로그에서 SNSSocial Network Service가 분화한다. SNS는 마이크로 블로그라 할 수 있는데, 블로그의 연결성과 사용성을 향상시킨 소셜 미디어다. 즉, 개인적으로 블로그를 운영하지 않아도 간단히 SNS 계정만 만들면 일기 쓰듯 자신의 라이프 로깅life logging도 할 수 있고, 친구들과 정보나 콘텐츠를 공유할 수도 있다. 또 친구를 찾는 노력을 하지 않아도 SNS 알고리즘이 추천해 주고 연결해 준다.

미국에서는 마이스페이스가 2003년, 페이스북이 2004년, 유튜브가 2005년, —유튜브는 1년 후 구글에 매각된다— 트위터가 2006년 창업한다. 연대를 보면 한국에서 2000년도에 시작됐던 싸이월드와 아이러브스쿨은 SNS의 효시였다. 싸이월드는 일반인에게 개인 홈페이지를 제공해 주고 그것을 꾸며서 일촌 맺고 소통할 수 있게 한 메타버스의 원조라고 할 수 있다. 거기에 도토리라는 가상화폐를 사용한 것도 시대를 앞서간 묘수였다. 또 동창생을 찾아 주는 아이러브스쿨 역시 사회적 관계망 연결에 착안했던 SNS의 선구자였는데, 초심을 유지하지 못하고 혁신을 이어 가는 데 실패한 것이 너무 아쉽다.

이같이 뉴 밀레니엄 들어 위키피디아, 블로그, 그리고 SNS로 이어진 연이은 성공은 웹 환경이 90년대와는 달라졌음을 웅변해 주었다. 그것이 울타리 정원에서 오픈 플랫폼으로의 변화, 다른 말로 웹1.0에서 웹2.0으로의 진화다.

### 웹2.0 시대가 되다

'웹2.0'은 IT 전문 출판사인 오라일리 미디어O'Reilly media의 창업자 팀 오라일리에 의해 대중화된 용어다. 그는 2004년 웹2.0 컨퍼런스를 개최했는데, 1990년대의 웹 환경을 웹1.0이라 한다면 21세기 들어 변화된 웹 환경을 웹2.0이라 명명했다.

인터넷이 보급되기 시작한 90년대 웹상에서 했던 일이란 포털 사이트에 들어가서 필요한 정보를 찾는다든지, 이메일, 메신저, 게시판 등을 통해 대화하는 것이 대부분이었다. 즉, 네트워크를 통해 서로 정보를 주고받는 형태였다. 이러한 웹1.0은 선線에 비유할 수 있다. 1차원적인 것이었다.

그렇기에 웹1.0 환경에서는 포털의 지위를 차지하는 것이 중요했다. 문지방을 의미하는 포털portal은 고객들이 인터넷에 들어오는 관문이었기 때문이다. 이때에는 온라인 세계로 들어오는 길목을 잡는 것이 비즈니스 성공의 요체였다. 그래서 이메일 계정도 공짜로 주고, 메신저도 무료로 쓸 수 있게 해 주고, 게시판이나 카페로 사람들을 끌어들이는 마케팅 노력을 해 온 것이다.

이렇게 웹1.0에서는 포털, 이메일, 게시판, 홈페이지 등 폐쇄형 채널 위주로 정보가 흘러갔다면 웹2.0에서는 블로그나 위키 사이트, 소셜 미디어 등 개방형 미디어를 통해 정보가 만들어지고 유통된다.

2000년대 들면서 검색이 활성화되고, 블로그와 위키wiki 사이트들이 많아지고 또 결정적으로 SNS가 급속하게 퍼지면서 울타리가 무너졌다. 오픈된 것이다. 사람들은 포털에서 시간을 보내는 것이 아니라

| | 웹1.0 | 웹2.0 |
|---|---|---|
| 구조 | 1차원(線) | 2차원(面) |
| 소통 방식 | 일방향 : 이메일·게시판 | 양방향 : 블로그·SNS |
| 인터넷 사용형태 | 포털(portal) 중심 | 플랫폼(platform) 위주 |
| 정보 수집 방식 | 서핑 | 서치 |
| | **울타리 정원(walled garden)** | **오픈 플랫폼(open platform)** |

**〈자료 1-4 : 웹1.0 vs 웹2.0〉**

블로그 생태계, 또는 SNS라는 플랫폼으로 나오기 시작했다.

플랫폼platform이란 사람들이 차를 타고 내리기 위해 모이는 승강장이다. 즉, 웹2.0은 하나의 거대한 광장이 되는 셈이다. 사람들이 정보를 찾기 위해 포털의 울타리 안으로 들어가는 것이 아니라 광장으로 나가는 변화가 일어난 것이다. 정보를 찾기 위해 인터넷 서핑을 할 필요도 없어졌다. 검색어만 치면 검색 로봇이 웹을 돌아다니며 찾아서 내 눈앞에 갖다 바치기 때문이다.

즉, 포털에서 플랫폼으로, 서핑에서 서치로의 행동 변화가 일어났다. 이것은 선線에서 면面으로의, 1차원에서 2차원으로의 진화를 의미한다. 후술하겠지만, 웹은 점점 3차원으로 진화하는데 그것이 웹3.0인 메타버스다.

### 집단지성의 원리

이처럼 뉴 밀레니엄 들면서 20세기 말과는 다른 기운이 맴돌았고, 웹2.0 환경에서 집단지성Collective Intelligence이 태동한다. 즉 인터넷이라는 자궁에서 잉태한 아기에게 지능이 생겼다고 비유할 수 있겠다. 어떻게 지능이 생겼을까?

지능의 원리는 이렇다. 인간의 두뇌는 약 1,000억 개의 신경세포인 뉴런neuron과 뉴런들의 가지와 가지를 이어 주어 신호를 주고받는 부위인 시냅스synapse로 이루어져 있다. 뉴런은 다른 뉴런과 전기적 신호를 주고받는데, 이를 매개해 주는 것이 시냅스의 역할이다. 이런 방식으로 인간은 다양한 정보를 학습하고 기억에 저장하는 것이다. 이것이 지능이 생기는 원리다.

인공지능의 원리도 동일하다. 인간 신경망의 메커니즘을 본뜬 것이 딥 러닝 알고리즘이다. 즉 컴퓨터에 뉴런과 시냅스를 구현한 것이 인공신경망ANN이고, 데이터를 입력하면 기계가 스스로 학습하고 기억하는 머신 러닝이 가능해진다.

웹에 지능이 생긴 것도 같은 원리다. 사람들의 컴퓨터와 컴퓨터가 네트워크로 연결되고 여기에 데이터가 흐르면 지능이 생겨난다. 컴퓨터는 노드node, 정보처리장치 또는 데이터 포인트이고 인터넷은 연결link이다. 인간 두뇌에 비유하자면, 컴퓨터는 뉴런이고 인터넷은 시냅스다.

전선에 흐르는 전류량이 많아지면 주위에 자기장이 형성되듯 인터넷에 흐르는 데이터양이 많아지면서 집단지성이 태동한 것이다. 위키, 블로그, SNS 등이 가능해진 것은 집단지성 덕분인데, 웹이 2차원으로 진화한 결과를 낳았다. 지구가 인간 두뇌의 뉴런과 시냅스처럼 연결되면서 지능화된 스마트지구smart world로 변하기 시작했고 사람들도 똑똑한 지구인, 스마트몹smart mob이 된 것이다. 이런 트렌드가 스마트 시공간인 메타버스로 이어진다.

> 집단지성은 "다수의 개체들이 서로 협력 혹은 경쟁을 통하여 얻게 되는 결과"를 의미하는데, "소수의 우수한 개체나 전문가의 능력보다 다양성과 독립성을 가진 집단의 통합된 지성이 올바른 결론에 가깝다는 주장이다."
>
> **– 위키피디아, '집단 지성'**

**메타버스 경제학, 위키노믹스와 동료생산경제**

집단지성이 태동하자, 과거에는 전문가인 기업이 생산하는 상품·서비스를 소비만 하던 집단이 협업을 통해 생산하는 일이 가능해졌고, 그것이 오히려 더 뛰어난 결과를 얻을 수 있게 변하기 시작했다.

캐나다 경영 컨설턴트 돈 탭스콧은 위키노믹스Wikinomics라는 신조어를 주창했는데, 《위키노믹스 : 경제 패러다임을 바꾼 집단의 지성과 지혜》에서 스마트 몹들이 인터넷을 통해 참여하고 협업하면서 가치를 만들어 내는 새로운 비즈니스 패러다임이 앞으로의 경제 논리가 될 것이라 주장했다. 이는 생산자가 생산하고 소비자는 이를 소비한다는 전통 경제학의 기본명제를 뒤집는 것이다. 위키노믹스는 '위키'와 '이코노믹스'의 합성어다.

또 하버드대 요하이 벤클러 교수는 《네트워크의 부 : 사회적 생산은 시장과 자유를 어떻게 바꾸는가》에서 소셜 네트워크를 기반으로 하는 동료생산peer production이라는 개념을 제시했다. 새로운 생산양식은 철저하게 탈중심화되어 있고, 협업적으로 이루어지며, 배타적 소유를 전제로 하지 않는다. 또 자원을 공유하며 생산된 산출물을 광범위하게 배포할 수 있다는 주장이다.

위키노믹스나 동료생산경제는 블록체인의 본질이자 메타버스의 원리다. 웹3.0 메타버스의 가치방정식은 기업이 상품·서비스를 생산하고 시장에서 가치가 교환되는 것이 아니라 모두가 함께 가치를 창출하고 공유하는 것이다. 메타버스는 스마트지구이며, 집단지성의 결정체이기 때문이다.

집단지성은 사용자node가 많아지고 네트워크를 오고 가는link 데이터의 양이 많아질수록 증폭된다. 위키, 블로그, SNS 등을 통해 생산되는 데이터의 양은 계속 신기록을 갱신했고, 일반인들도 쉽게 콘텐츠를 제작할 수 있는 하드웨어·소프트웨어 도구들이 보급되면서 UGCUser Generated Contents, 사용자 제작 콘텐츠가 쏟아져 나왔다.

그러다 2008년 인류는 새로운 차원으로 진입한다. 스마트폰이다.

# 3장. 스마트폰, 메타버스로 가는 길을 열다

## 드디어 스마트폰 시장이 열리다

2007년 1월 29일 스티브 잡스가 아이폰을 발표하는 영상은 지금도 프레젠테이션의 본보기로 회자되고 있다. 그 당시 제품이 완성되지 않았고 기능 점검도 마치지 않은 상황이라 동석한 애플의 담당자들이 시연 중 에러라도 발생할까 봐 마음을 졸여 미리 술 한잔 마시고 참석했다는 일화도 있다. 그러나 발표는 마술같이 성공적으로 끝났고, 스티브 잡스 특유의 밀어붙이기로 그해 6월 아이폰이 출시된다.

애플은 스마트폰을 발명한 회사가 아니며, 아이폰이 스마트폰의 효시도 아니다. 이미 노키아나 블랙베리 등이 스마트폰 시장을 선점하고 있던 상황이었다. 문제는 스마트폰 시장이 성장하지 않고 일부

층에서만 사용된다는 점이었다. 스마트폰을 대중화한 일등공신은 자타공인 애플이다.

아이폰이 성공하자 2007년 11월 모바일 기기의 공개 표준을 개발하는 것을 목표로 한 연합군 OHA Open Handset Alliance가 결성되었고, —한국에서는 삼성전자와 LG전자가 참가했다— 구글이 2005년 인수했었던 안드로이드 운영체제가 표준으로 채택된다.

2008년부터 안드로이드 폰들이 줄을 이었고, 휴대폰 시장은 요동쳤다. 텃밭을 빼앗긴 노키아는 몰락해 2012년 마이크로소프트에 휴대폰 사업과 특허권을 매각했고, 휴대전화의 원조 모토로라는 2012년 구글에, 또다시 2015년 레노버에 넘겨지는 비운을 맞는다. 반면 한국의 삼성전자는 수혜자가 되었다.

### 메타버스 장터의 원조, 아이튠즈 스토어

여기서 생각해 보고 가야 할 점이 있다. 애플은 어떻게 경쟁사들이 그토록 두드려도 열리지 않던 스마트폰 시장을 열 수 있었을까? 위닝샷은 앱 스토어Application Store였다. 아이폰 출시 당시 애플의 앱 스토어에는 이미 수십만 개의 애플리케이션들이 존재하고 있었다.

블랙베리나 노키아 폰으로 할 수 있는 일은 제한적이었다. 기껏해야 이동 중에 메일 체크하고 보내는 일을 더 할 수 있는 정도였다. 이유는 사용할 수 있는 앱application이 별로 없었기 때문이다. 비싼 스마트폰을 사 봐야 그런 정도라면 누가 사용하려 했겠는가? 그런데 아이폰을 사면 무료로 활용할 수 있는 앱들이 많았다.

그건 애플이 만든 게 아니다. 소프트웨어 개발자들이나 일반인들이 만들어 오픈 소스로 공개하거나 아이튠즈iTunes 스토어에서 판매하고 있던 것들이다. 아이튠즈 스토어가 확장되고 진화한 것이 앱 스토어다.

이젠 제조업이건 플랫폼이건 자체적으로 스토어를 만드는 것이 필수가 되었지만, 20년 전만 하더라도 그건 유통업의 영역이라고 치부되었다. 메타前 페이스북가 HMD 기기 오큘러스를 출시하기 전에 구축한 VR 콘텐츠 장터인 오큘러스 스토어는 앱 스토어를 벤치마킹한 것이다. 또 로블록스나 제페토, 더샌드박스 등 메타버스 플랫폼에서 게임이나 아이템 등을 만들어 판매하는 콘텐츠 장터의 원조가 아이튠즈 스토어다.

그럼 애플은 아이튠즈를 언제, 왜 만들었는가? 아이튠즈는 2001년 애플이 아이팟iPod을 출시하면서 발표한 음악·동영상 등 미디어기기 관리 프로그램이다. mp3 플레이어 아이팟을 기획하면서 아이튠즈를 준비한 것인데, 아이팟은 좀 의외의 제품이었다.

2000년대 초 상황에서 생각해 보자. 컴퓨터 만드는 회사가 휴대폰이라면 몰라도 갑자기 mp3 플레이어를 낸다니 좀 뜬금없지 않은가? 또 당시 mp3 기기 시장의 1위 브랜드는 한국 레인컴의 아이리버였다. 글로벌시장의 25%를 차지할 정도로 위세가 대단한 아이리버가 버티고 있는 시장에 애플은 왜 들어갔을까? 또 휴대폰에도 mp3 재생기능이 첨가되면서 mp3 기기 시장이 위축되는 상황에서 사람들이 굳이 따로 기기를 들고 다니는 불편을 감수하려고 할까?

나는 스티브 잡스가 아이팟을 들고 나온 것이 이해되지 않았다. 그런데 2004년 말 아이팟은 미국 디지털 음악 재생기기 시장에서 70% 이상의 점유율을 기록한다. 그가 옳았다. 그리고 아이팟의 성공은 아이폰으로 이어진다. 그렇다면 왜 스티브 잡스는 아이팟을 선택했으며, 속셈은 무엇이었을까?

## 징검다리

그가 아이팟을 선택한 이유는 개인 미디어기기가 융합화, 소형화, 모바일화되는 트렌드를 읽었기 때문이다. 스티브 잡스는 시대의 흐름을 읽는 데 있어 동물적인 감각을 가진 인물이다. 1976년 애플컴퓨터를 창업한 것도 컴퓨터가 개인화되는 추세를 감지하고 PC를 만들기 위해서였다.

1970년대 컴퓨터 시장은 IBM이 주도하는 대형컴퓨터 위주였고, 대기관이나 연구소, 대학 등에서만 컴퓨터를 사용했다. 일반인들에게는 그리 필요한 물건도 아니었고 집에 사 놔 봤자 쓸 수 있는 애플리케이션도 없었기 때문이다.

그러나 트렌드 리더들의 눈은 매섭다. 컴퓨터의 소형화, 개인화의 시대를 연 신호탄은 인텔이 1974년 발표한 8080 마이크로프로세서였는데, 이 작은 칩 하나가 여러 청년의 운명을 바꾸게 된다. 폴 앨런과 빌 게이츠는 베이직BASIC 언어 개발에 들어갔고, 아예 개발에 전념하기 위해 하버드를 중퇴하고 마이크로소프트를 창업한다. 또 스티브 잡스 역시 PC의 가능성을 감지하고 스티브 워즈니악을 꼬드겨 창고로 들어갔다. 미국 유학 중 과학 잡지에서 인텔 8080을 처음 접하고 필이 꽂힌 손정의는 일본에 돌아가 컴퓨터 소프트웨어 유통회사 소프트뱅크를 창업한다.

이처럼 1970년대 대형컴퓨터가 PC화되는 추세를 감지했었듯이, 스티브 잡스는 21세기 들어 PC가 점점 소형화, 융합화, 모바일화되는 트렌드를 놓쳐서는 안 된다고 판단했던 것이다. 그가 만들려고 했던 것은 단순히 mp3 재생기기가 아니라 융합된 모바일 기기였고, 아이팟을 발전시킨 게 아이폰이다.

그래도 의문은 남는다. mp3 기기를 따로 만들 게 아니라 아예 처음부터 아이폰을 만들 수도 있지 않았을까? 그러나 2000년대 초 상황은 그리 녹록지 않았다.

당시 무선통신 시장의 비즈니스 헤게모니는 망[network] 사업자가 쥐고 있었다. 한국 상황을 회상해 보자. 휴대폰 시절에는 네트워크를 장악하고 있는 SK텔레콤[011], KTF[016], LG텔레콤[019] 등이 갑이었고, 폰 제조사들은 기기만 납품 판매하는 단순제조업자들이었다. 휴대폰에 들어가는 게임이나 앱 등은 통신사업자의 검수와 승인을 받아야 했고 수익도 통신사 몫이었다.

전화 기능이 있는 휴대폰으로는 당시의 권력 구도를 벗어나기 어려웠을 것이다. 스티브 잡스의 성격을 볼 때 깡통 만들기는 싫었을 것이라는 얘기다. 통신사업자로부터 운영체제[OS]로 권력 이동이 일어난

건 스마트폰 생태계가 조성된 이후다. 그러니까 스마트폰으로 건너가기 위한 징검다리가 아이팟이었던 셈이다.

### 메타버스를 봤던 애플

결국, 스티브 잡스가 선택한 포석은 아이튠즈였다. 아이팟의 성공 요인은 디자인, 품질이나 성능, 애프터서비스 등이 아이리버보다 뛰어나서가 아니었다. 비결은 하드웨어 기기device에서 나온 것이 아니라 아이튠즈 뮤직스토어를 만든 데에 있었다.

당시는 아이리버와 같은 mp3 플레이어에 음원을 다운로드해서 듣는 것이 일반적인 음악 소비형태였다. 그런데, 음원을 다운받으려면 냅스터나 소리바다 등의 무료음원 사이트—이들은 저작권 소송에 휘말렸다—를 돌아다니면서 오랜 시간을 들여야 했다. 또 기기를 바꿀 때마다 이전 기기에 있던 음원 파일을 일일이 옮기는 것도 귀찮은 일이었다.

그러나 아이튠즈 계정을 가지고 있으면 그럴 일이 없어진다. 아이튠즈 뮤직스토어에서 쉽고 빠르게 음원을 구입할 수 있고, 한 번 만들어진 음악 리스트는 자신의 라이브러리에 영구 보관된다. 또 아이팟을 통해 실시간 아이튠즈에 접속해서 스트리밍 방식으로 음악을 듣고, 다른 아이팟 기기로 교체하더라도 음원을 다시 다운받을 필요가 없다. 애플의 성공은 음원 유통아이튠즈과 mp3 기기아이팟의 융합에서 비롯된다.

아이튠즈는 클라우드 서비스의 효시이자 음악 메타버스의 원조라 할 수 있다. 구름cloud 위에 음악 생태계를 만들고 현실세계와 가상공간을 연결했다. 즉, 다른 제조회사들은 어떻게 하면 품질 좋게 개선할까, 기능이나 성능을 차별화할 수 있을까 하면서 하드웨어 '제품'의 틀 안에서만 생각하고 있는 동안, 애플은 음원 회사들을 쫓아다니며 제휴와 네트워킹을 통해 음악콘텐츠와의 융합을 시도했다. 다른 말로 하면, 다른 경쟁사들은 땅만을 보고 있을 때, 애플은 구름 위의 세상, 메타버스를 바라보는 눈을 가지고 있었던 것이다.

### 스티브 잡스의 한칼

시야vision의 차이가 사업의 성패를 갈라놓는다. 아이튠즈 스토어에 음악이나 영상뿐 아니라 애플리케이션 소프트웨어들이 추가되면서 앱 스토어로 진화했고, 앱 스토어는 애플이 스마트폰 시장을 터뜨리면서 비즈니스 헤게모니를 장악하게 만든 일등공신이 되었다. 결국, 아이폰과 아이패드까지 3연속 홈런을 치면서 애플은 최고의 가치를 인정받는 기업으로 퀀텀점프한다.

스티브 잡스가 콘텐츠와 소프트웨어의 중요성을 인식하고 아이튠즈라는 생태계를 만들 수 있었던 힘은 삼절굉三折肱에서 나왔다. 흔히 스티브 잡스하면 창의성의 아이콘이고, 유능한 능력을 보유한 경영자로만 생각하지만, 그건 현재의 관점으로 과거를 보는 데서 생기는 착시현상이다. 스티브 잡스도 삼절굉의 아픔을 겪었다.

1985년 이사회에서 해고통보를 받고 애플에서 쫓겨난 그는 애플 주식을 매도한 돈으로 넥스트Next라는 컴퓨터회사를 창업하고, 애니메이션 스튜디오인 픽사의 지분을 인수한다. 그러나 10년간 지속되었던 스티브 잡스의 사업은 그리 성공적이지 못했다. 만일 디즈니가 픽사가 만든 토이 스토리를 사 주지 않았더라면, 그리고 경영난에 빠진 애플이 잡스를 다시 불러 주지 않았다면 그는 실패한 사업가로 묻혀 버렸을지도 모를 일이다. 또 그가 삼절굉을 겪지 않았더라면 콘텐츠의 중요성을 실감하지 못했을 것이고, 현재의 애플은 여러 컴퓨터 회사 중의 하나로 기억됐을지도 모른다.

그가 '집 나가 개고생'하면서 칼을 갈던 1990년대는 인터넷이 시작되던 시점이었고, 트렌드 리더 잡스 역시 새로이 열리는 사이버라는 미개척 대륙을 노리고 있었을 것이다. 그리고 그곳에 콘텐츠와 소프트웨어 생태계를 만든 것이 아이튠즈와 앱 스토어다. 스티브 잡스의 시선은 메타버스를 향하고 있었고. 그가 휘두른 한칼은 기기와 콘텐츠의 융합이었다.

### 온라인과 오프라인을 융합하다

나는 스마트폰을 인터넷과 함께 문명사적 의미를 갖는 물건이라고 생각한다. 호모 사피엔스의 시공간을 바꿔 놓았고, 메타버스로 가는 길을 열었기 때문이다. 스마트폰이 갖는 의미를 다음과 같이 정리해 볼 수 있다.

첫째, 스마트폰은 온라인과 오프라인의 경계를 허물어 버렸다. 온라인이라는 용어는 1990년대 인터넷 이후 쓰이기 시작한 신조어다. 오프라인과 온라인은 확연하게 구분됐다. 온라인이라는 시공간으로 들어가려면 인터넷이 연결되어 있는 컴퓨터에 접속해야 했다. 컴퓨터를 켜고 인터넷에 접속하면 온라인, 끄면 오프라인인 셈이다.

그러나 사람들은 밥 먹을 때도, 화장실 갈 때도, 심지어 잠잘 때도 스마트폰을 옆에 두고 끄지 않는다. 24시간 ON 상태이고, 반경 10m 안을 벗어나지 않는다. 그렇다면 우리는 오프라인에 있는 것인가, 아니면 온라인에서 생활하고 있는 것인가? 스마트폰을 사용하면서 사람들의 라이프스타일이 바뀌고 비즈니스 생태계를 또 한 번 요동치게 만드는 파워는 인터넷이 구분 지어 놓았던 오프라인과 온라인을 교묘하게 융합시키면서 시공간의 경계를 허문 데서 나온 것이다.

이러한 원리가 메타버스로 계승된다. 궁극의 메타버스는 물리적 현실과 가상현실의 경계가 희미해지는 것이다. 두 공간이 뚜렷하게 구분된다면 인간의 뇌는 메타버스에 흥미를 느끼지 못한다. 메타버스가 진화하면 종국에는 가상현실에 존재하는 나의 분신인 아바타가 점차 나의 모습을 닮아 가다 융합되고, 사람들은 내가 여기 있는지 저기 있는 건지 헷갈리는 경지에 이르게 될 것이다.

그 예고편이 스마트폰이다. 스마트폰은 네모난 박스 형태에서 다양한 웨어러블wearable 기기로 분화되고 있다. 밴드나 이어폰, 안경, 의류, 자동차 또 HMD, VR기기 등이 그것인데, 웨어러블이 확산되면

현실세계와 메타버스의 경계가 허물어질 것이다.

### 전지적 시점을 제공하다

둘째, 스마트폰은 인류에게 전지적 시점을 제공해 주었다. 스마트폰은 PC의 선을 잘라 놓은 정도가 아니다. 또 노트북을 조그맣게 축소해 놓은 물건 역시 아니다. 스마트폰이 노트북이나 기존 피처폰과 다른 점은 센서sensor에 있다. 스마트폰에는 10-20종의 센서가 내장되어 있는데, GPS가 있어서 위치추적도 가능하고, 중력 및 가속도 센서, 자이로센서 등이 들어 있어 노트북으로는 불가능한 일들을 할 수 있다.

그 뿐 아니다. 이제는 아무도 모르는 게 없는 지식시대로 변했다. 스마트폰에 검색어만 치면 1-2초면 답을 알 수 있다. 이쯤 되면 모든 것을 알고 있다고 해도 틀린 말은 아니다. 산업혁명 시대의 기계가 인간 손과 발의 연장이었다면 스마트폰은 인간 뇌의 연장이다. 과거에는 007 요원이나 지닐 수 있었던 첨단기기가 지구인들을 스마트몹smart mob으로 업그레이드시킨 것이다.

사람들이 메타버스에 열광하는 이유는 전지적 시점을 제공해 주기 때문이다. 3차원 공간에 갇혀 사는 인류는 3차원을 조망할 수 있는 초월적 시공간을 갈망해 왔다. 리처드 브랜슨이나 일론 머스크, 제프 베조스 등 큰돈 번 기업가들이 우주여행 사업을 벌이는 것도 구름 위에서 지구를 내려다보고 싶어서다.

현실세계에서는 내가 '나'를 볼 수 없지만, 메타버스에서는 내가 직접 조물주가 될 수도 있고 객체화된 '나'를 통해 세상을 조망할 수 있다. 마치 4차원에서 3차원을 내려다보는 것 같은 신神의 시점은 매력적이다. 그런데 전지전능의 짜릿한 맛을 스마트폰이 먼저 보여 준 셈이다.

### 빅 데이터 시대를 열다

셋째, 스마트폰은 빅 데이터 시대를 열었다. '빅 데이터'라는 용어는 2011년경부터 본격 회자되기 시작했는데, 사람들이 스마트폰을 쓰면서 무수히 많은 디지털 데이터를 생산했기 때문에 가능해진 일이다. 사람들은 여기저기 돌아다니면서 SNS에 글과 사진, 동영상 등을 올리고 클라우드에 저장한다. 데이터 생산량이 폭증하면서 '데이터'라는 단어 앞에 '빅big'자가 붙게 된 것이다.

그런데 사람만 데이터를 만드는 게 아니다. 각종 기기에 부착되어 있는 센서들 역시 엄청난 데이터를 뿌려 댄다. 이미지와 영상처리기술, 센서 기술 등이 발달하면서 사람뿐 아니라 사물들도 인터넷에 접속할 수 있는 변화가 일어난 것이다. 이른바 사물인터넷IoT이다.

여기서 잠깐, 데이터data와 정보information의 차이점을 설명하고 가야겠다. 데이터와 정보는 다르다. 예를 들어 보자. 어느 고객이 상품을 구매했을 때 생기는 구매명세표나 영수증 등은 데이터다. 요즘 빅 데이터 시대라 하는 것은 이제 이런 데이터를 얻을 수 있는 인프라가 구축되면서 데이터가 넘쳐나는 시대가 되었기 때문이다. 그런데 빅 데이터 자체로는 아무 효용도 창출할 수 없다.

고객의 몇 개월간의 구매명세표와 영수증을 분석해 보면 이 고객의 구매성향, 항목별 지출비, 라이프스타일 등을 추정할 수 있다. 이것이 정보다. 즉, 데이터를 가공하여 의미 있게 변환시킨 것이 정보의 개념이다. 그러므로 데이터는 '정리되지 않은 진흙탕'이라고 할 수 있고, 정보는 데이터를 정리한 '의미 있는 패턴'이라고 정의할 수 있다. 비유를 들자면, 데이터는 시커먼 원유 덩어리고, 정보는 원유를 정제해서 뽑아낸 가솔린이나 등유, 경유 등에 빗댈 수 있다. 그리고 정보에서 만들어지는 에너지가 지능intelligence이다.

그런데 센서들이 쏟아 내는 빅 데이터의 80-90%는 쓰레기에 불과하다. 전혀 사용가치가 없고, 오히려 작업속도만 늦추기 때문에 버려야 한다. 데이터를 유의미한 정보로 전환하기 위해서는 데이터 정제기술이 절대적으로 필요한데, 이게 쉽지 않았다.

2000년대 중반부터 빅 데이터를 처리하는 클라우드cloud 기술이 발전했다. 엄청난 양의 데이터가 서버로 밀려들어오는 상황에서 직렬처리방식으로는 감당할 방도가 없다. 그렇기에 클라우딩이 가능해지려면 두 가지가 필수적인데, 하나는 서버 가상화 기술이고 또 하나는 빅 데이터 분산 처리기술이다. 구글의 GFS나 하둡hadoop 등과 같은 빅 데이터 분산 처리 소프트웨어들이 개발되면서 클라우드 컴퓨팅은 도약의 국면을 맞는다.

### 인공지능과 메타버스

스마트폰이 쏟아 내는 빅 데이터와 클라우드 기술은 인공지능과 결합되어 4차 산업혁명의 씨앗을 뿌린다. 빅 데이터와 처리기술이 발달하면서 인공지능이 학습 기반learning based의 기계학습방식으로 전환될 수 있었던 것이다. 이전에는 룰 기반rule based의 프로그래밍 방식이었다. 룰 기반 방식이란 개발자가 알고리즘을 프로그래밍해서 기계에 입력하면 규칙대로 작동되는 방식이다. 프로그래밍한다는 것은 "이럴 경우에는 이렇게 해, 저럴 경우에는 저렇게 하고." 하는 식으로 알고리즘을 짜 주는 것을 의미한다.

예를 들어, 개와 고양이를 식별하는 인공지능을 만들려면 프로그래머가 개와 고양이의 차이점을 일일이 입력해야 한다. 당신이 프로그래머라면 둘의 차이를 어떻게 설명해 주겠는가? 그런데 사람들이 찍어 SNS에 올린 개와 고양이의 사진·영상 데이터가 넘쳐나면서 인공지능이 데이터를 스스로 학습하는 머신 러닝machine learning이 가능해졌다. 즉, 각각의 데이터에 '개', '고양이'를 라벨링해서 기계에 입력하면 기계가 개와 고양이를 식별하는 알고리즘을 스스로 만들어 낸다. 프로그램을 입력하던 데서 데이터를 입력하는 방식으로 바뀐 것이다.

딥 러닝 방식은 머신 러닝의 한 카테고리다. 인간의 두뇌를 닮은 인공신경망artificial neural networks을 만들어 기계가 스스로 학습할 수 있게 하는 것인데, 신경망이 여러 단계의 깊은 계층layer을 가지고 있어 딥 러닝deep learning이라 부른다.

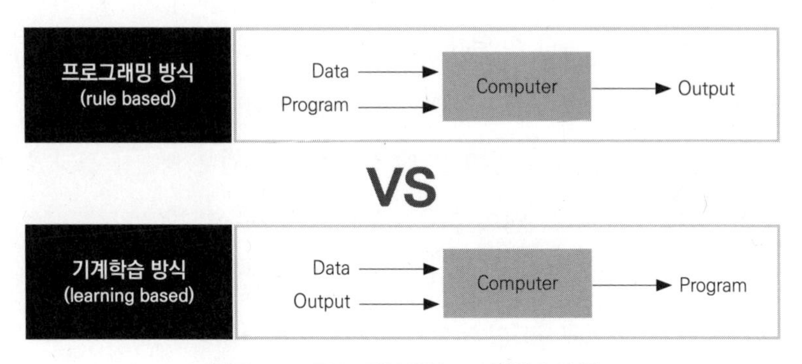


〈자료 1-5 : 프로그래밍 방식 vs 기계학습 방식〉

딥 러닝은 2006년 토론토대학의 제프리 힌튼 교수가 제안했던 AI 알고리즘이다. 문제는 데이터 부족에 있었다. 개와 고양이를 식별시키려면 수백만 장의 이미지 데이터가 필요한데 이걸 어디 가서 구해온단 말인가? 지금은 연봉도 높고 인기직종인 인공지능 개발이 당시에는 기피직종이었던 것이 이해되지 않는가?

그런데 2008년 스마트폰 시장이 터지고 빅 데이터 시대가 되면서 2012년 제프리 힌튼 교수가 이끄는 '슈퍼비전' 팀이 딥 러닝 기법으로 세계최대 이미지 인식 경연대회 'ILSVRC'에서 압도적인 차이로 우승했고 딥 러닝 방식은 대세로 자리 잡게 되었다. 딥마인드—2013년 구글이 인수한다—를 창업한 데미스 하사비스가 알파고 개발에 본격 착수한 시점도 2010년이었다.

인공지능의 밥은 데이터다. 많이[big] 먹으면 먹을수록 인공지능은 영리해지고, 스스로 알고리즘을 업그레이드하면서 진화해 간다. 인공지능은 인간이 만들었지만, 인공지능이 어디로 튈지 무엇을 만들어 낼지 인간은 예측할 수 없게 된 것이다. 그리고 인공지능이 인간지능의 선을 넘는 기술적 특이점singularity이 머지않았다.

정유기술이 개발되지 않았을 때 석유가 단지 검은 액체에 불과했듯이 빅 데이터 처리기술이나 클라우드, 인공지능이 발달되지 않았던 10년 전만 하더라도 빅 데이터는 디지털 쓰레기였다. 그런데 이제는 데이터가 가장 핵심적인 경영자원으로 변한 것이다.

우주선 없이 우주에 갈 수 없듯이 인공지능 기술이 없었더라면 메타버스는 상상 속에나 존재하는 곳으로 남아 있었을 것이다. AI, VR, 3D 기술 등이 결합되면서 메타버스를 여행할 수 있는 셔틀버스가 만들어진 셈이다.

스마트폰이 갖는 의의가 이렇게 크다. 스마트폰, 빅 데이터, 인공지능, 4차 산업혁명 기술로 이어지면서 메타버스로 가는 길이 뚫렸기 때문이다. 스마트폰은 메타버스 행보의 마일스톤이자 디딤돌이다.

그런데 역설적이게도 메타버스의 원조가 스마트폰 시대에 적응하지 못하고 몰락하게 된다. 세컨드라이프 이야기다.

### 세컨드라이프의 메타버스 실험

메타버스의 원조는 단연 세컨드라이프Second Life다. 세컨드라이프는 UC 샌디에고에서 물리학을 공부한 필립 로즈데일이 개발했는데, 부인에게 생일선물로 받은 SF소설 《스노 크래시》를 읽고 충격을 받았다고 한다. 메타버스metaverse와 아바타라는 용어가 닐 스티븐슨이 쓴 이 책에서 유래되는데, 영화 〈매트릭스〉처럼 물리적 현실세계가 재현되는 가상현실이 메타버스다.

"메타버스를 만들어 보자." 생각한 필립은 1999년 린든랩Linden Lab을 창업하고 2003년 세컨드라이프를 발표한다. 세컨드라이프는 일종의 가상현실 소셜 게임이라 할 수 있는데, 자신의 분신인 아바타를 통해 자신이 꿈꾸던 제2의 삶을 살 수 있는 가상공간이다.

이곳에서는 나의 모습을 내 마음대로 꾸미고, 옷도 입어 보고 싶었던 명품 옷을 선택할 수 있다. 나의 분신인 아바타가 나 대신 이곳을 돌아다니면서 활동하는데, 바다가 내려다보이는 멋진 집에 살면서 평소 타 보고 싶었던 오픈카를 타고 매력적인 파트너와 함께 여행하면서 새로운 체험도 즐길 수 있다. 거리에는 휴지도 떨어져 있지 않고 공기도 오염되어 있지 않다. 병균도 존재하지 않으며 모두가 건강하고 잘 살 수 있다. 또 모두가 평등하다. 세컨드라이프는 인류가 꿈꾸어 오던 유토피아의 모습을 연출한 가상세계다.

한때 세컨드라이프라는 가상현실 플랫폼에 수많은 기업이 몰려갔고, 아바타를 활용해서 성공한 마케팅 사례들이 있었다. 세컨드라이프에 가상체험관이나 전시장, 판매관을 만드는 기업들도 있었고, 판촉 행사나 설명회, 교육도 이루어지고, 화장품의 경우에는 신제품의 테스트 마케팅 장소로 활용하기도 했다. 좋은 목을 선점해서 광고판을 세우는 것은 물론이고, 아예 땅을 분양받아 회사 사옥을 건설하거나 지점이나 프랜차이즈를 개설하기도 했었다.

요즘 지구 땅을 분양하는 어스2나 디센트럴랜드 등의 시조라 할 수 있다. 세컨드라이프에서는 현대판 봉이 김선달 같은 일도 일어났었고, 실제로 세컨드라이프를 통해 돈을 번 사람도 많았다. 또 세컨드라이프에서 아이템을 사고팔려면 가상화폐인 린든 달러Linden Dollar로 환전해야 했다. 이미 토큰 이코노미도 갖추고 있었던 것이다. 이처럼 세컨드라이프는 메타버스의 프로토타입이라 할 수 있다.

### 세컨드라이프는 어디로 갔을까?

그러나 시기상조였을까? 돌풍을 일으켰던 세컨드라이프는 2010년 서비스를 종료했다. 실패 원인은 복합적이지만 직격탄은 스마트폰이었다. 2010년쯤 되니 사람들 손에 스마트폰 하나씩은 쥐어지게 되었다. 본격적인 모바일 시대가 시작된 것이다. 실시간으로 소통하고 사진이나 동영상을 찍어 정보를 주고받는 라이프스타일의 변화도 일어났다.

SNS는 스마트폰과 궁합이 잘 맞았다. 모바일 시대가 되면서 즉시성과 실시간 소통이 중요해진 것이다. 그러면서 소셜 미디어들이 전성기를 맞는다. 2006년 시작된 트위터Twitter는 꾸준히 사용자가 증가했고, 2009년에는 인스턴트 메신저 왓츠앱WhatsApp이 창업됐다. 한국에서 카카오톡이 출시된 것이 2010년, 네이버의 일본법인 라인이 2011년이다.

콘셉트나 형태도 다양해졌다. 이미지 위주의 SNS 핀터레스트와 인스타그램, 사진이나 영상 메시지 확인 후 10초 후엔 사라지는 독특한 시스템으로 미국 젊은층의 인기를 끈 스냅챗Snapchat, 중국 바이트댄스가 만든 숏폼 비디오 플랫폼인 틱톡Tik Tok 등이 줄을 이었고, ARGAlternate Reality Game, 대체현실게임의 원리를 접목한 포스퀘어나 옐프 등과 같은 위치기반 SNS도 등장하면서 SNS는 새로운 놀이터가 되었다. 모바일 시대는 소셜 미디어의 춘추전국시대라 해도 과언이 아니다.

SNS는 사회적 관계망을 구축하면서 소통하는 게임이고, 넓은 의미의 메타버스다. 소셜 미디어에 시간을 쓰다 보니 PC로만 접속 가능한 세컨드라이프에 관심이 떨어질 수밖에 없었던 것이다. 즉, SNS가 대체재가 된 셈이다.

거기다 스마트폰에 재미있는 콘텐츠와 앱들이 쏟아져 들어오면서 세컨드라이프에 지속적으로 접속할 동인이 부족해진 것도 실패의 큰 원인이었다. 세컨드라이프가 만드는 콘텐츠만으로 변화하는 유저들의 다양한 욕구를 충족시키기에는 한계가 있다. 한 기업이 어떻게 집단지성을 당해 내겠는가? 그때만 해도 일반인들은 게임을 만들기 어려웠다. 쉽게 게임을 제작할 수 있는 저작도구가 없었기 때문이다. 2010년대 들어 유니티와 언리얼 등의 게임 엔진이 보급되면서 일반인들이 게임개발자로 참여할 수 있게 된 것이다.

또 기술적 인프라도 부족한 상황이었다. 세컨드라이프에 접속하려면 별도의 PC용 소프트웨어viewer를 설치하는 불편을 감수해야 했고, 당시의 컴퓨터 성능이나 네트워크 속도로는 메타버스의 데이터량을 감당하기 어려웠다. 클라우드, 인공지능, 3D 그래픽 등 관련 기술 인프라가 아직 갖춰지지 않았던 상황이었다.

### 메타버스, 형체를 드러내다

비록 세컨드라이프의 성공이 지속되진 못했지만 필립 로즈데일이 뿌린 씨앗은 약 10년간의 발아기를 지나 다시 메타버스 생태계를 만들어 가고 있다. 현재 메타버스 플랫폼으로 부상하는 포트나이트, 제페토, 로블록스, 마인크래프트, 동물의 숲, 어스2, 더샌드박스, 디센트럴랜드 등은 세컨드라이프의 후예인 셈이다.

스마트폰이 촉발한 빅 데이터와 인공지능, 그리고 클라우드, 5G 네트워크, VR·AR, 3D, 센서 등 관련 기술 등은 씨앗을 성숙시키는 자양분이 되었고, 세컨드라이프의 실험, 그리고 2009년 영화 〈아바타〉의 흥행 성공은 지구인들에게 메타버스의 모습을 짐작할 수 있게 하는 계기가 되었다. 이렇게 2000년대와 2010년대 들어 서서히 메타버스가 그 형체를 드러내기 시작한다.

# 제2부

## 웹3.0 시대
## - 메타버스 게임의 법칙

WEB3.0 METAVERSE

WEB3.0 METAVERSE

# 4장. 메타버스의 DNA 분석

**"우리는 99%다."**

2008년은 스마트폰의 원년이기도 하지만 미국 금융위기가 터진 해이기도 했다. 원인은 과잉금융이었다. 서브프라임 모기지sub-prime mortgage가 결정타였는데, 발단은 2000년대 초로 거슬러 올라간다. IT 버블 붕괴, 911테러, 아프간·이라크 전쟁 등으로 미국 경기가 침체되자 미국은 경기부양책으로 초저금리 정책을 펼친다. 주택 대출금리를 인하했고, 그러자 부동산 가격이 상승하기 시작했다. 정부가 나서서 부동산투자를 부추긴 셈이다. 요즘 상황과 비슷하지 않은가?

한동안은 금융회사들이 짭짤하게 재미를 봤다. 그런데 문제는 과욕에서 발생한다. 고액연봉을 받는 월가 금융공학자들의 머리는 비상했다. 이중, 삼중의 파생 금융상품을 만든 것이다. 간단히 말하면 이런 거다. 1단계로 은행이 개인들에게 부동산대출을 해 준다. 매달 대출이자가 들어올 테니 그 이자를 담보로 하는 증권들을 여러 건 모아 상품으로 재포장해서 판매하는 2단계로 진입한다.

이때 신용등급이 높은 사람prime과 낮은 사람sub prime의 대출을 적절히 섞어 위험도를 분산하는 방식을 택했는데 그게 서브프라임 모기지이고, 그런 증권 상품이 주택저당증권MBS : Mortgage Backed Securities이다. 그런데 거기서 끝이 아니었다. 3단계로 MBS를 담보로 한 파생증권 상품CDO, 부채담보부 증권을 또 만든다. 파생이 파생을 낳는 식이다.

그러니까 담보로 잡은 주택 한 채를 놓고 금융사들이 이중, 삼중으로 장난친 셈이다. 2006년경 경기가 회복되자 미국 FED가 다시 금리를 올렸고, 신용등급이 낮은 서브프라임 모기지부터 무너지기 시작한다. 결국, 거품이 꺼지면서 도미노 쓰러지듯 리먼 브라더스 같은 금융회사들이 줄줄이 도산한 것이 2008년 금융위기였다.

과잉금융은 처참한 결과를 낳았다. 졸지에 집과 직장을 잃은 서민들은 거리로 쏟아져 나왔고 월스트리트 점령 운동도 벌어졌다. 그때 슬로건이 "We are the 99%"였다. 우리는 99%라는 게 무슨 말인가? "1%, 은행과 정부 너희들한테 경제운영을 맡겨 놨더니 99%의 삶을 하루아침에 초토화시키고 도대체 이게 뭐냐, 또 99%의 서민들은 엄두도 못 낼 만한 고액 연봉을 받는 1% 너희들은 짜고 치는 고스톱 하면서 보너스 잔치까지 벌여?" 국민들의 은행에 대한 불신과 분노가 터진 것이다. 이렇게 2008년 금융위기는 99% 서민들로 하여금 정부나 대기업 등 제도권과 기득권층에 대한 혐오감을 키우고 새로운 시민의식을 싹트게 한 사건이다.

## 사토시, 출사표를 던지다

정부와 은행의 자작극을 눈치채고 더 이상 고양이에게 생선가게를 맡겨 둘 것이 아니라 우리끼리 직접 문제 해결에 나서자고 일어난 무리가 있었다. 그중 하나가 사토시 나카모토라는 프로그램 개발자다. 그는 미국 금융위기가 일어난 2008년 10월 커뮤니티 사이트에 9쪽짜리 논문을 올렸다. 제목은 〈Bitcoin : A Peer-to-Peer Electronic Cash System비트코인 : P2P 전자화폐시스템〉.

사토시는 논문에서 비트코인을 이렇게 정의하고 있다. "online payment to be sent directly from one party to another without going through a financial institution." 중간에 정부가 개입하거나 어떠한 금융기관도 거치지 않고 P2P 방식으로 개인과 개인이 직거래할 수 있는 온라인 금융시스템, 이것을 비트코인이라고 이름 붙인 것이다. 이걸 다른 말로 표현하면 "1% 은행 너희 비켜, 정부도 끼어들지 마. 이제 우리 99%끼리 알아서 할게. 어떤 식으로? P2P 직거래 방식으로." 이것이 비트코인 시스템을 고안한 사토시 나카모토의 출사표였다.

그리고 이 시스템 안에서 사용되는 통화도 만들었는데 그게 비트코인BTC이다. 이렇게 비트코인은 화폐시스템의 브랜드이자 화폐단위의 명칭이다. 대개 비트코인을 가격이 오르내리는 가상 '화폐'로 생각

**Bitcoin: A Peer-to-Peer Electronic Cash System**

Satoshi Nakamoto
satoshin@gmx.com
www.bitcoin.org

**Abstract.** A purely peer-to-peer version of electronic cash would allow online payments to be sent directly from one party to another without going through a financial institution. Digital signatures provide part of the solution, but the main benefits are lost if a trusted third party is still required to prevent double-spending. We propose a solution to the double-spending problem using a peer-to-peer network. The network timestamps transactions by hashing them into an ongoing chain of hash-based proof-of-work, forming a record that cannot be changed without redoing the proof-of-work. The longest chain not only serves as proof of the sequence of

**〈자료 2-1 : 사토시 나카모토의 '비트코인' 논문〉**

하지만, 사토시가 만들려고 했던 핵심은 '시스템'이었다.

사토시 나카모토가 비트코인을 만든 것은 법정화폐fiat money가 근원적인 문제점을 안고 있다는 인식 때문이었다. 그는 "중앙은행은 통화가치를 떨어뜨리지 않는다는 신뢰를 주어야 하는데, 법정화폐들의 역사를 보면 배임투성이"라고 일갈한다. 기존의 통화시스템에 대한 강한 불신과 분노, 금융기관이 누려 왔던 권력과 이익에 대한 반감이 사토시가 비트코인 운동을 펼친 동기였다.

그러나 2008년 당시 사토시의 논문은 사람들의 관심을 끌지 못했고, 온통 부정적인 반응뿐이었다. 사토시 나카모토는 이름 없는 일개 프로그래머였고, 커뮤니티 사이트에는 프로그래밍으로 자신만의 새로운 세계, 즉 메타버스metaverse를 창조해 보려는 개발자들의 이상주의적인 글들이 넘쳤었기 때문이다. 조금 관심 갖는 프로그래머조차 "뭐 또 그렇고 그런 재미있는 게 나온 모양이구나." 정도였던 것

같다.

주위의 반응이 없자 사토시 나카모토가 논문 속 내용을 코딩해서 두 달쯤 지난 2009년 1월 비트코인 시스템을 만들어 발표했는데, 1월 9일 비트코인의 제네시스 블록genesis block이 생성되고 이때부터 채굴도 시작되었다.

그리고 13년이 넘은 지금까지 전 세계에 퍼져 있는 노드들이 네트워크로 연결돼 10분에 하나씩 블록을 생성하고 있으며, 블록이 만들어질 때마다 BTC가 채굴되어 —2009년 최초 블록이 채굴될 당시에는 50BTC이 나왔는데, 세 번의 반감기를 거쳐 현재는 6.25BTC이 채굴되어 나온다— 성공자에게 보상으로 주어진다.

중앙 서버도 없고, 비트코인 주식회사도 없고, 심지어 창시자 사토시는 살아 있는지 죽었는지 누군지도 모르는 상태에서 기술적 버그도 없이 잘 작동하고 있는 탈중앙화 자율적 시스템DAO, Decentralized Autonomous Organization이 등장한 것이다.

암호화폐 최초의 성공사례인 비트코인은 일종의 금융 메타버스다. 은행이나 정부 등 중앙기관에 저항하면서 1%가 없이도 잘 돌아갈 수 있는 세상을 구현해 보고자 했던 것이다. 비슷한 꿈을 꾸는 독립운동가들의 메타버스 행렬이 이어졌다. 이더리움, 리플, 라이트코인, 이오스 등과 같은 알트코인들이 그것이다. 99%들의 혁명인 블록체인 무브먼트는 메타버스로 이어지고 있다.

### 비트코인과 블록체인에 대한 오해

여기서 잠깐, 사람들이 잘못 알고 있는 몇 가지를 바로잡고 가자. 첫째, 비트코인은 최초의 암호화폐가 아니라는 사실이다. 이전에 데이비드 차움이 만든 e-cash1992년, 웨이 다이의 b-money1996년, 닉 사보의 비트골드1996년, 아담 백의 해시캐시 등이 시도되었었다. 비록 선행 프로젝트들은 실패했지만, 이들의 이론과 실험은 비트코인 설계의 뼈대를 이뤘고, 블록체인blockchain이라는 알고리즘을 낳는다.

둘째, 비트코인과 블록체인을 혼동하는데 이 둘은 다른 차원의 개념이다. 비트코인은 사토시의 논문에 정의되어 있듯 '시스템system'이고, 블록체인은 시스템을 만드는 논리와 프로세스, 즉 '알고리즘algorithm'이다. 우리가 스마트폰에서 사용하는 앱에 비유하자면, 비트코인은 앱application이고, 블록체인은 안드로이드나 iOS 같은 운영체제OS라 할 수도 있다.

셋째, 사토시의 논문에는 블록체인이라는 단어가 나오지 않는다. 그가 사용한 용어는 "chain of hash-based proof-of-work해시 작업 증명의 체인"였다. 블록체인이라는 용어는 한참 후인 2010년대 중반부터 쓰이기 시작했다. 구글 트렌드를 조회해 보면 2013년까지는 거의 검색량이 없다가 2014년 들어 검색되기 시작했고, 위키피디아에 용어가 등재된 것도 2014년 10월이었다. 비탈릭 부테린의 이더리움 프로젝트가 발표되면서 블록체인이라는 용어가 회자된 것으로 보인다.

The New York Times

# NIXON RESIGNS

## HE URGES A TIME OF 'HEALING'; FORD WILL TAKE OFFICE TODAY

'Sacrifice' Is Praised; Kissinger to Remain

The 37th President Is First to Quit Post

**〈자료 2-2 : 미국 워터게이트 스캔들 보도기사〉**

1970년대 초 일어난 워터게이트 정치스캔들을 보면 당시 미국 사회에 도청과 감시가 얼마나 만연했었는지 짐작할 수 있다. 1970-80년대는 정치적으로 냉전 분위기가 극에 달했고, 국민들이 미국 정부의 폭력성에 염증을 느끼던 시점이었다. 사이퍼펑크 운동도 이런 분위기에서 생겨났다.

## 블록체인의 뿌리

용어는 이때 쓰였지만, 블록체인의 철학은 오래전부터 잉태되어 있었다. 블록체인의 뿌리를 캐 보면 미국에서 1980년대 불기 시작한 사이퍼펑크 운동에 닿는다. 암호를 의미하는 '사이퍼'와 반항적 패션 용어인 '펑크'의 합성어인 '사이퍼펑크cypher-punk'는 다국적 빅 브라더들과 정부 권력의 감시와 검열에 맞서 개인정보를 지키기 위해 암호기술을 활용했던 집단을 지칭한다. 앞서 언급한 데이비드 차움, 닉 사보 등 암호화폐 프로젝트들을 시도했던 사람들도 사이퍼펑크의 일원이다.

그런데 뿌리를 좀 더 파헤쳐 보면 1950-60년대에 등장했던 비트 세대, 히피 등 반정부 저항문화 운동에 닿는다. 제2차 세계대전 이후 달러화가 기축통화가 되면서 미국경제는 전성기를 맞이했지만, 물질적 풍요 속에서 획일화, 동질화, 그리고 개개인이 거대한 사회조직의 한 부속품으로 전락하는 것에 저항하는 비트beat 세대가 생겨났고, 1960년대 중후반 베트남 전쟁에 반대하는 히피 운동으로 이어진다. 주류 문화와 기존 사회질서에 반기를 들면서 사랑, 평화, 자유를 추구하고 물질 위주가 아닌 인간 중심의 유토피아를 꿈꿨던 자들의 무브먼트였다.

새로운 이상향을 건설하려고 했던 히피족들은 샌프란시스코로 모여들었다. 1960년대 미국의 정치, 경제, 문화, 교육의 중심지는 동부 지역이었고, 서부 캘리포니아는 소외된 루저들의 오지였다. 역사적으로 미합중국은 동부에서 시작되었고, 스페인과 멕시코의 식민지였던 캘리포니아는 서부 개척 시절 골드러시를 떠나던 탄광 지역이었기 때문이다. 이처럼 서부 캘리포니아는 소외와 저항의 땅이었다.

### 실리콘밸리의 흑역사

지금은 미국경제의 중심이자 글로벌기업들의 메카가 된 실리콘밸리는 어땠을까? 1960년대까지 실리콘밸리의 동네 이름은 '산타클라라 밸리'로 과수원이 들어차 있는 시골 마을이었다. 실리콘밸리라는 명칭은 1971년 1월 《일렉트로닉 뉴스》에 실린 기사에서 유래한다.

1960년대 급성장한 산타클라라 밸리의 반도체산업을 다루는 기사에서 반도체의 핵심소재인 실리콘에 빗대어 부른 것이다. 당시 컴퓨터 부품은 진공관에서 트랜지스터로 진화했고, 트랜지스터가 집적회로IC : integrated chip가 되면서 컴퓨터산업이 획기적으로 발전하는 계기가 됐다. 그 소재가 실리콘이다. 실리콘밸리는 반도체의 혁신을 일궈내면서 컴퓨터 부품 소재의 메카로 부상한다.

그러나 당시 컴퓨터산업은 메이저 산업이 아니었고, 실리콘밸리는 IBM과 같은 컴퓨터회사에 부품을 공급하는 변방에 불과했다. 댄디한 정장 차림에 고액연봉을 받는 동부 화이트칼라들이 볼 때 실리콘밸리는 청바지에 슬리퍼 끌고 다니면서 잘 씻지도 않아 냄새나는 컴퓨터 덕후들의 소굴이었고, 전자부품상가 정도로 여겨졌을 것이다.

또 지금은 세계 최고의 명문으로 손꼽히지만, 당시 스탠퍼드 대학교는 100년도 안 된 시골의 작은 지방대학에 불과했다. 캘리포니아의 수재들은 동부 아이비리그 대학으로 유학 갔고, 스탠퍼드를 졸업하고 동부 지역의 대기업에 취업하는 건 요즘으로 치면 가문의 영광이었다.

그러나 지금은 대역전이 일어났다. 전통산업의 중심지였던 미국 동부가 녹슨 벨트rust belt로 변하면서 경제의 중심이 서부로 이동했고, 구글, 애플, 페이스북, 테슬라 등 플랫폼제국을 노리는 글로벌기업들과 스타트업들은 현재 실리콘밸리를 중심으로 모여 있다. 지난 30-40년 사이 일어난 극적인 변화다.

실리콘밸리는 블록체인의 정신적 고향이다. 비트세대, 히피운동,

사이퍼펑크 등에서 뿌리가 뻗쳐 나온 블록체인은 기존 체제와 질서에 저항하는 DNA를 가졌고, 국가, 정부, 금융, 산업 등 1% 중심의 기울어진 운동장을 99% 집단지성의 힘으로 평평한 유토피아로 만들자는 철학이기 때문이다.

이러한 블록체인의 DNA가 메타버스로 유전되고 있다. 실리콘밸리는 메타버스의 정신적 고향이라고도 할 수 있고, 그들이 꿈꿨던 유토피아는 메타버스에서 실현될 것이다. 그리고 블록체인은 메타버스를 실현케 하는 핵심 알고리즘이다.

### 메타버스 SF의 원조들

사실 블록체인의 뿌리가 된 사이퍼펑크는 '사이버펑크'를 패러디한 단어다. 컴퓨터와 디지털 기술이 발달하면서 사이버cyber가 '가상의'라는 뜻의 접두어로 널리 쓰였는데, 이 단어는 1948년 미국 수학자 노버트 위너의 사이버네틱스cybernetics 이론에서 유래한다. 사이버네틱스는 기계와 생물의 신경계를 관련지어 연구하는 인공두뇌학의 일종으로, 기계에 지능을 부여해서 기계를 통제하고 인간과 소통할 수 있도록 하는 인공지능 연구의 원류다.

사이버펑크는 접두어 '사이버'에 '펑크'를 붙인 조어로서, 1980년대 이후 등장한 SF소설의 한 장르를 일컫는 용어다. 펑크punk는 원래 1950년대 흑인들 사이에서 '성행위 후의 더럽고 지저분한 냄새'를 의미하는 속어였는데, 이 단어가 미국 댄스음악의 장르 이름이 되고, 1970년대에는 펑크스타일, 펑크룩 등 패션 용어로도 쓰였다. 기존 질서에 순응하는 모범생과는 거리가 먼, 거칠고 투박한 반항아의 뉘앙스를 담고 있다.

사이버펑크는 사이버 기술을 무기로 사회 기득제도권에 저항하고, 예술을 통해 세상을 바꾸고자 했던 사회운동이라 할 수 있다. 사이버펑크 최초의 작품은 윌리엄 깁슨이 1984년에 쓴 SF소설 《뉴로맨서》다. 뉴로맨서는 'neuro신경'와 'necromancer영혼 마법사'의 합성어인데, 이 소설에 몇 가지 흥미로운 개념들이 처음 등장한다.

'데이터 카우보이'라는 신종직종이 나온다. 이들은 뇌를 컴퓨터 네트워크에 연결하는 방식—요즘 회자되는 뉴럴링크의 개념—으로 가상공간에 접속해서 가상공간의 뒷골목을 누비며 돈이 되는 데이터를 빼내 판매하며 살아가는, 지금으로 치면 해커hacker라 할 수 있다. 또 이 소설에서 가상공간, 즉 사이버스페이스cyberspace라는 용어가 최초로 사용됐다. 줄여서 '사이버'라고도 부르는 이 시공간은 현실이 아니라 두뇌 속에서 펼쳐지는 또 다른 우주를 뜻한다. 메타버스 용어의 전신이라고도 할 수 있겠다.

《뉴로맨서》에서 그려지는 미래사회의 모습은 음울한 디스토피아다. 그리고 중앙집중화된 네트워크에 반발하는 저항적이고 반사회적 성격을 띤다. 그런데 시간을 좀 더 거슬러 올라가 보면 사이버펑크의 디스토피아 예측과 반항적 철학의 뿌리는 20세기 초부터 자라나고 있었다.

1932년 발표된 올더스 헉슬리의 《멋진 신세계》는 물질주의와 쾌

락주의가 만연한 미래모습을 그린다. 무미건조한 삶을 살면서 물질적인 쾌락만을 추구하는 사람들이 만연한 디스토피아다. 또 1949년 조지 오웰의 디스토피아 SF소설 《1984》는 감시사회 개념을 처음 대중들에게 제시한 작품으로, 네트워크와 가상공간이란 개념이 탄생하기 전에 '기술독재와 감시가 만연한 암울한 사회'라는 개념을 제시함으로써 사이버펑크의 개념 정립에 영향을 주었다고 평가되고 있다.

이런 사상적 뿌리가 1980년대 상황과 맞물리면서 태동한 것이 사이버펑크 장르다. 1980년대는 컴퓨터가 PC화되면서 일반인들도 컴퓨터를 직접 만지고 활용하기 시작하고, 정보통신기술의 발달로 해킹, 인공지능, 슈퍼컴퓨터, 기업국가, 가상현실, 이에 따른 인간의 정체성 등에 관심이 생기던 시절이었다. 즉, 과학기술이 가져올 미래 스토리가 대중에게 공감을 얻으면서 수많은 SF소설과 영화에도 큰 영향을 미쳤다. 대표적인 작품이 2199년 인간이 AI에 의해 지배되는 가상현실 세계를 그린 영화 〈매트릭스〉다.

### 메타버스의 묵시록, 사이버펑크

사이버펑크는 묵시록이다. 묵시默示, apocalypsis문학이란 고대 종교에서 신이 선택된 예언자에게 주었다는 계시를 기록한 책을 의미하는데, 현실세계의 관념으로는 이해하기 어려운 꿈이나 환상, 상징, 비유 등이 많다는 특징을 가진다. 예를 들어, 성경 요한계시록이 기록될 당시 유대 지역은 로마제국 지배하에 있었고, 그런 상황에서 반정부적인 얘기를 노골적으로 한다거나 미래가 이렇게 바뀔 것이라고 대놓고 말할 수 있는 상황이 아니었다. 당연히 유대의 그리스도인들끼리만 알 수 있는 상징적인 은어나 암호, 비유를 암묵적으로 사용해야 했다.

1980년대 《뉴로맨서》의 내용을 이해할 수 있는 사람이 당시에 얼마나 있었을까? 사이버스페이스, 뉴럴링크, 인공지능, 해킹 등의 개념은 난해한 외계어 같았을 것이다. 윌리엄 깁슨조차 당시 컴맹인 상태에서 타자기로 쓴 소설이라고 한다.

사이버펑크는 대개 무정부주의적이며 급진적이고 반항적인 태도를 가지고 있다. 또 기존 질서와 가치관에 반하는 행동을 하기도 한다. 이러한 사상적 DNA는 비트 세대, 히피 운동, 그리고 사이퍼펑크 운동으로 유전되었고, 1980년대의 자유 소프트웨어free software 운동도 비슷한 맥락이다. 유명한 해커였던 리처드 스톨만이 주도한 이 운동은 소프트웨어를 팔지 말고 무료로 공유하자는 취지다. 그는 지식과 정보는 소수에게 독점되어서는 안 되며, 모든 사람에게 열려 있어야 한다는 '카피레프트' 개념을 주창했다. 이는 카피라이트copyright, 저작권에 반하는 개념으로서, 기존 비즈니스의 통념을 깨뜨리는 사상이다.

## 블록체인은 메타버스의 엔진이다

이와 같은 저항과 비주류의 DNA를 블록체인이 물려받았고, 그 DNA에 4차 산업혁명 기술들이 몸체를 만들어 입히면서 메타버스로 구현되고 있는 것이다.

블록체인과 메타버스의 관계는 엔진과 자동차에 비유할 수 있다. 블록체인은 메타버스를 움직이는 엔진이다. 엔진에다 차체와 바퀴를 붙이고, 내부 인테리어와 각종 부품들을 결합해서 전체 자동차를 완성한다. 여기서 차체, 바퀴, 인테리어, 부품 역할을 하는 것이 3D 그래픽, 모션 센서, VR·AR 기술 등이다. 엔진에 몸통을 입혀 자동차가 되듯이 블록체인에 입체적인 옷을 입힌 형체가 메타버스다.

블록체인을 분산원장기술이라 하는 것은 피상적이고 좁은 정의에 지나지 않는다. 노드들이 합의를 통해 원장블록을 만들고 관리하는 것이 블록체인의 본질이 아니라는 얘기다. 블록체인의 본질은 집단지성collective intelligence이다. 지난 200년간 산업문명시대 1%의 정부나 빅브라더들이 저질러 놓은 불합리한 문제들을 99%의 집단지성을 모아 해결하자는 것이 블록체인의 요체다.

마찬가지로 메타버스를 디즈니랜드 같은 테마파크나 게임하는 놀이터로 인식해서는 안 된다. 화려한 3D 화면이 펼쳐지고 게임의 원리가 적용되니까 그렇게 보이는 것이지, 본질은 함께 새로운 세상을 창조해 가자는 철학이다. 함께 꾸미고 소통하면서 함께 생산하고 문제를 해결해 가는 꿈속의 유토피아가 궁극의 메타버스다.

**'함께' DNA : 함께 만들라, 그러면 그들이 머물 것이다**

비트 세대, 히피 운동, 사이버펑크, 자유 소프트웨어 운동, 사이퍼펑크와 블록체인으로 이어지면서 유전된 웹3.0 메타버스의 DNA는 크게 두 단어로 요약할 수 있다. '함께'와 '거꾸로'다.

첫째, 웹3.0 메타버스는 함께 만드는 세상이지 1% 리더들의 무대가 아니다. 현실세계는 1%에게 권력과 이익을 누리게 해 주고 그들이 연출하는 무대를 관전하는 구조지만, 메타버스는 99%의 집단지성으로 함께 만들고 함께 즐기는 세상이다. 이것이 웹3.0 메타버스 게임의 법칙이다.

또 현실세계의 비즈니스가 "잘 만들라. 그러면 그들이 올 것이다." 였다면 웹3.0 메타버스 비즈니스의 법칙은 "함께 만들라. 그러면 그들이 머물 것이다."로 바뀐다.

### '거꾸로' DNA : 보이는 세상은 실재가 아니다

두 번째 DNA는 '거꾸로'다. 웹3.0 메타버스는 현실세계의 물리법칙이 적용되지 않는 이상한 나라wonderland다. 시공간도 초월적이고, 패러다임도 다르다. 메타버스에서는 거꾸로 생각해야 한다. 상식과 통념에도 저항해야 하고, 비즈니스도 다른 방식으로 해야 한다.

물리학자 카를로 로벨리의 책 제목처럼 "보이는 세상은 실재가 아니다Reality is not what it seems." 그는 이 책에서 시간과 공간에 대한 일반인들의 통념을 깨뜨린다. 시공간은 양자量子, quantum이며, 시간은 흐르지는 않는다고 역설한다.

사실 우리 눈에 보이는 세상이란 망막에 맺힌 데이터를 인간의 두뇌가 해석한 전기신호다. 그러니까 눈이 보는 게 아니라 뇌가 보는 셈이다. 영상뿐이 아니다. 소리, 냄새, 촉각 등도 마찬가지다. 진짜 세상은 따로 존재할지도 모를 일이다.

일반적으로는 물리적 세계가 현실이고 메타버스는 가상이라고 생각하지만, 혹시 거꾸로 아닐까? 코페르니쿠스 이전 우주가 지구를 중심으로 돌고 있다고 생각했다가 반전이 일어났듯이, 21세기 코페르니쿠스가 나타나 현실이 가짜고 가상이 진짜라는 사실을 증명할지도 모른다.

인류는 이런 상상을 오래전부터 해 왔다. 플라톤은 '이데아' 이론을 설명하면서 동굴 비유allegory of the cave를 들었다. 내용은 이렇다.

"플라톤 《국가》 7권에 유명한 이야기가 있죠. 어두운 동굴 속에 사람들이 갇혀 있는데, 앞에 있는 동굴 벽을 향해 묶여 있어서 뒤쪽에 있는 횃불이 벽에 비춰주는 그림자만을 볼 수 있습니다. 그들은 그 그림자가 실재라고 생각하죠. 그런데 어느 날 그들 중 한 사람이 풀려나서 동굴 밖으로 나와 햇빛과 넓은 세계를 발견합니다. 처음에는 쏟아지는 빛에 눈이 부셔 혼란스러워합니다. 아직 눈이 적응하지 못했던 것이죠. 그러나 마침내 그가 볼 수 있게 되자, 그는 흥분해서 동료들에게 돌아가서는 자신이 보았던 것을 이야기해 줍니다. 그러나 동료들은 그의 말을 믿지 않죠. 우리도 모두 무지와 편견이라는 족쇄에 묶여 깊은 동굴에 갇혀 있습니다. 우리의 미약한 감각들이 보여주는 것은 그림자뿐입니다."

**-《보이는 세상은 실재가 아니다》, 서문 중에서**

**"진실의 사막에 오신 걸 환영합니다."**

실재는 따로 있고, 우리 망막에 맺히는 전기신호는 그림자일지도 모른다는 얘기다. 플라톤의 동굴 비유는 영화 〈매트릭스〉의 모티브가 되었는데, 영화 속 모피어스가 주인공 네오에게 이런 얘기를 해 준다. "무엇이 진실일까? 진짜란 두뇌가 해석하는 전기신호에 불과해."

당시 〈매트릭스〉의 세계관은 사람들에게 신선한 충격을 주었다. 진짜 세상real world은 살아남은 인간들이 인류를 구하기 위해 투쟁하는 2199년이고, 1999년의 지구 모습은 가상현실이라는 것이다. 지구는 이미 AI의 지배하에 들어갔고, 인간들은 AI에 의해 뇌에 주입된 '매트릭스'라는 가상현실 컴퓨터 프로그램에 갇혀서 꿈을 꾸고 있다. 매트릭스는 AI가 인간을 마음의 감옥에 가둬 통제하려고 만든 꿈의 세계computer generated dream world라는 설정이다.

유발 하라리도 《호모 데우스》에서 비슷한 상상을 한다. "당신이 아는 것과 달리 지금은 2216년이고, 당신은 21세기 초의 신나는 원시 세계를 흉내 내는 '가상세계' 게임에 푹 빠진 심심한 10대일지도 모른다."

지금 우리가 살고 있는 삶은 실제가 아니라 훗날의 사람이나 다른 생명체들이 시간여행을 온 것일지도 모른다. 또는 현실세계는 스크린에 비춰진 투사체일 수도 있다. 마치 영화 〈트루먼 쇼〉의 트루먼이 방송세트장에서 살았던 걸 나중에 깨달았듯이 우리도 정신이 번쩍 드는 진실을 접하지는 않을까?

호모 사피엔스는 진짜 세상을 발견하는 여행을 떠났다. 그곳이 현실세계의 상식과 통념에 저항하는 '거꾸로' DNA로 만들어진 메타버스다. 메타버스로의 여행은 절대 일시적 유행이 아니다. 인류 역사적으로 뿌리 깊은 것이고 인간의 심연이다. 곧 엑소더스가 일어날 것이다. 21세기 테크놀로지의 발전이 급물살을 타면서 여행길을 열고 메타버스행 셔틀을 만들고 있기 때문이다. 거기에 도착하면 영화 〈매트릭스〉에서 모피어스가 네오에게 던진 대사가 적혀 있을지도 모르겠다.

"진실의 사막에 오신 걸 환영합니다Welcome to the desert of the real."

# 5장. 4차 산업혁명, 메타버스의 형체를 만들다

## 지능의 혁명

2010년대 들어 과학과 ICT가 급물살을 타면서 기술 혁신에도 가속도가 붙었다. 트리거는 스마트폰이었다. 스마트폰과 IoT 센서들이 쏟아 내는 빅 데이터는 클라우드 기술과 접합되어 딥 러닝 방식의 인공지능을 가능하게 만들었고, 로봇, 가상현실, 3D 프린터, 자율주행차, 블록체인 등 신문물이 산업문명의 유물들을 대체해 가기 시작했다.

2016년 1월 다보스 포럼은 '4차 산업혁명'이라는 단어를 화두로 던졌다. 증기기관이 일으킨 1차 산업혁명, 20세기 들어 전기, 미디어 등이 일으킨 2차 산업혁명, 그리고 디지털과 인터넷이 세상을 뒤집어 놓은 것을 3차 산업혁명이라 한다면, 작금에 일어나고 있는 대전환을

4차 산업혁명이라 표현한 것이다.

4차 산업혁명은 한 마디로, 지능intelligence의 혁명이다. 사물인터넷IoT은 아날로그 사물에 디지털 속성을 부여함으로써 인공지능을 붙이는 작업이고, 로봇, 3D 프린터, 자율주행차 등은 지능이 붙은 스마트사물이다. 또 사이퍼펑크에서 뿌리 뻗어 나온 블록체인은 집단지성을 발현하게 하는 알고리즘이다. 이 두 가지 지능, 즉 인공지능AI과 집단지성CI의 콜라보가 4차 산업혁명의 본질이다.

나는 개인적으로 4차 산업혁명이라는 용어가 탐탁지는 않지만, 3차 산업혁명에 비해 한 차원 업그레이드되었다는 데는 동의한다. 1990년대 인터넷이 일으킨 3차 산업혁명은 '정보혁명'이라 할 수 있다. 정보가 네트워크를 타고 빛의 속도로 이동하기 시작했고, 연결과 융합을 통해 웹web이라는 초월적 세상을 창조한 것이다. 정보의 이동과 융합은 지능을 만들었고, 그 결과물이 4차 산업혁명이라 불리는 '지능혁명'이다.

정보와 지능은 다르다. 데이터data를 정제한 것이 정보information이고, 정보가 만들어 내는 에너지가 지능intelligence이다. 제1부 3장에서 비유했던 석유로 치면, 원유는 데이터이고, 정제된 휘발유는 정보이고, 휘발유가 만들어 내는 에너지는 지능이라 할 수 있다. 이 관계를 〈자료 2-3〉과 같이 정리할 수 있다.

지난 20-30년간 인류가 인터넷을 통해 정보를 주고받고 소통하면서 인공지능과 집단지능이라는 신생 에너지가 생겼다. 지능이라는 신에너지는 웹 생태계를 새로운 차원으로 진화시키고 있고, 그 결과

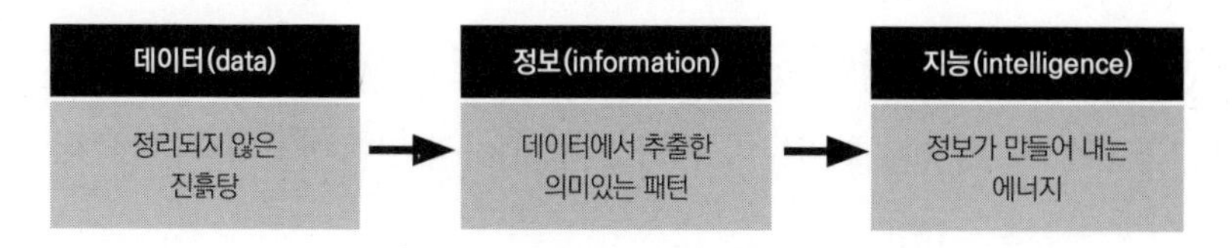


**〈자료 2-3 : 데이터 vs 정보 vs 지능〉**

가 웹3.0 메타버스다. 즉, 웹3.0 메타버스를 움직이는 에너지는 4차 산업혁명의 두 핵核인 인공지능과 집단지성에서 나온다.

### 메타버스의 모습이 보이기 시작하다

4차 산업혁명은 현재진행형이다. 메타버스 역시 온전한 실체를 드러내기까지는 시간이 좀 더 걸릴 것이다. 지금 기업들이 해야 할 일은 메타버스의 미래모습을 예측하는 것이다. 누가 얼마나 정확히 예견하는가에 따라 메타버스 왕좌의 게임 승패가 갈리기 때문이다. 정의 내리고 명확한 비전을 제시하는 힘, 그것이 왕좌의 자격이다.

지금 우리가 보고 있는 것은 메타버스의 편린이다. 그러나 지금까지 메타버스가 어떻게 진화해 왔는지, 또 진화의 방향축이 무엇인지를 이해한다면 궁극의 모습을 짐작해 볼 수 있다. 중요한 건 기술technology이다. 기술이 진화를 만들기 때문이다.

진화를 일으키는 기술은 크게 두 가지다. 지능과 UIUser Interface다. 인체에 비유하자면, 지능은 두뇌, UI는 몸통을 만든다. 즉, 4차 산업혁명 기술에 의해 메타버스의 두뇌와 몸통이 자라나는 것이다. 제1부에서 논의했듯이 메타버스는 1990년대 인터넷이라는 자궁에서 잉태되었다. 이 아이에게 지능이 생기고, 몸통이 성장하면서 형체가 보이기 시작하는 것이다.

지능과 UI 기술이 어떻게 변화해 왔는지, 또 관련 4차 산업혁명 기술들과 어떻게 접목되고 발전하는지, 그 원리는 무엇인지 등을 추적하면서 메타버스 진화의 방향을 예측해 보자.

## 메타버스의 두뇌, 인공지능

지능 기술은 두뇌를 장착해서 메타버스를 스마트smart 시공간으로 변모시킨다. 스마트해진다는 것은 시공간이 지능을 갖게 된다는 뜻이다. 그리고 지능의 양대 축은 인공지능AI과 집단지성CI이다.

인공지능이란 무엇인가? 인공지능은 자연지능Natural Intelligence에 대비되는 개념이다. 생물체들은 지능을 갖고 있어 서로 소통하며 스스로 알아서自然 작동하면서 생태계를 이룬다. 그러나 인간이 생산한 사물에는 지능이 없다.

인공지능은 사물을 생물生物로 만드는 기술이다. 즉 아날로그 물질인 기계나 디바이스에 디지털 속성을 부여하고 지능을 만들어 넣음으로써 생명을 불어넣는 작업이다. 마치 조물주가 흙으로 인간을 빚고 훅 입김을 불어 생명을 창조했듯이.

사물에 지능이 생기면 인간과 교감할 수 있고 인간처럼 행동할 수 있다. 인형에 지능을 붙이면 무엇이 될까? 로봇이 된다. 스피커는 음악만 재생하지만, AI 스피커는 말을 하고 주인의 명령을 수행할 수 있다. 자동차가 지능을 갖게 되면 스스로 운전하고 주차나 충전도 알아서 하고, 부르면 달려오는 제트카가 된다.

사물인터넷IoT이 그런 것이다. 모든 사물thing에 지능이 생겨 서로 정보를 주고받고 행동한다. 영화 〈박물관이 살아있다〉처럼 물건들이 말하고 움직이는 것이다. 또 사물인터넷이 확장되면 인간과도 연결된다. 이것이 뉴럴링크neural link의 콘셉트인데, 두뇌에 작은 칩을 임플란트해 넣으면 칩과 사물들이 연결되어 교감할 수 있게 된다. 인간과 사물이 대화를 나누며 경계가 허물어지고 융합될 날이 머지않아 보인다.

사물에만 지능을 붙일 수 있는 건 아니다. 공간도 지능화된다. 예를 들어, 무인점포 아마존고AmazonGo는 스마트상점이다. 들어가서 사고 싶은 물건을 들고 나오면 끝이다. 점원도 없고 결제기도 없다. 컴퓨터 비전, 인식 기술, 센서, 딥 러닝 등이 알바생이 하던 일을 대체한 것이다. 집이라는 공간도 IoT를 접목하면 스마트해진다. 매우 똑똑하고 유능한 집사가 생겨 우리는 아무 일 안 해도 집안일이 척척 돌아간다.

스마트홈이 스마트카와 연결되고 스마트신호등, 스마트거리 등과 소통하게 되면 도시 전체가 스마트시티로 발전한다. 인간과 사물, 공간이 온통 하나로 융합된다. 결국, 지구 전체로 확장될 것이다. 스마트지구, 스마트 유니버스, 그것이 메타버스다.

인공지능은 메타버스의 두뇌다. 온 지구가 연결되고 시공간에 지능이 생기면 어떤 일이 벌어질까? 서로 말을 하고 교감과 소통이 가능해진다. 결국, 아날로그와 디지털의 경계가 허물어지면서 어디가 물리적 현실이고 어디가 가상현실인지 분간할 수 없게 될 것이다.

상상 속에서나 가능했던 타임머신이 나올지도 모른다. 19세기 위대한 물리학자로 칭송받았던 캘빈 경은 "공기보다 무거운 것은 날 수 없다"고 주장했었다. 뉴턴의 물리법칙에 따르면 당연한 얘기다. 그러나 그의 논리가 깨지는 데는 오랜 시간이 걸리지 않았다. 캘빈 경은 소재, 엔진 기술의 발달을 예측할 수 없었던 것이다. 타임머신 관련 기술이 진화한다면 조만간 시간여행이나 순간이동이 가능해질 수도 있다. 이쯤 되면 이승과 저승의 경계도 흐릿해지고 삶과 죽음의 정의도 달라져야 한다.

### 메타버스의 심장, 집단지성

지능의 또 한 가지 축은 집단지성Collective Intelligence이다. 집단지성은 일종의 아우라 같은 것이다. 1+1은 2가 아니라 10이 될 수도 있고 100이 될 수도 있다. 1이 계속 더해질수록 결과값은 기하급수적으로 커지게 된다.

1990년대 인터넷의 보급과 2000년대 웹2.0 환경은 집단지성을 태동시켰다. 지구인들의 지식이 융합되기 시작하면서 새로운 기운이 감돌게 되었는데, 그게 집단지성이다. 집단지성이 발현된 대표적인 사례가 공유경제sharing economy다. 숙박 공유모델 에어비앤비가 2008년, 차량 공유모델 우버가 2009년 창업되었다.

공유경제는 단순한 아나바다 운동이 아니다. 공유라는 용어가 들어가니까 남아도는 물건들을 남들과 나누고 함께 쓰는 것으로 생각될 수 있지만 그건 표피적인 모습에 불과하다. 사람들이 P2P로 소통하면서 집단지능을 만들어 내는 협업경제이고, 연결을 통해 새로운 가치를 창출해 내는 융합경제모델이다.

공유경제는 산업시대 생산경제를 붕괴시키는 룰 파괴자이자 게임 체인저다. 우버는 기존 자동차 메이커들이 큰 자본을 들여 만들어 놓은 자동차를 활용해서 더 큰 돈을 벌고 있고, 에어비앤비 역시 아파트 한 채 없이 건설 회사들이 지어 놓은 남의 집으로 돈을 번다.

인터넷과 스마트폰이 구축해 놓은 인프라를 토대로 연결과 융합을 통해 가치를 창출하는 생산 활동이 공유경제이고, 기업이 생산·판매하고 소비자는 구매·소비하던 산업시대의 역할모델도 달라졌다. 소비자도 생산 과정에 참여할 수 있게 된 위키노믹스가 공유경제의 요체다.

2010년대 들면서 공유경제모델은 상승기류를 만난다. 에어비앤비의 기업가치가 세계최대 호텔체인 힐튼을 넘어섰고, 우버와 중국의 디디추싱滴滴出行 역시 글로벌 자동차업체들을 추월했다. 또 2009년 1월에 채굴을 시작한 비트코인은 처음 수년간 전혀 주목받지 못하다가 2014년경부터 꿈틀거리기 시작했고, 비탈릭 부테린의 이더리움 프로젝트가 나오면서 '블록체인' 용어의 쓰임새가 급증했다.

블록체인은 공유경제의 끝판왕이다. 1%의 빅 브라더나 미들맨 없이 99%가 P2P 연결과 융합을 통해 집단지성을 발현할 수 있도록 만드는 알고리즘이다. 흔히 블록체인을 분산원장기술이라 정의하지만 그건 금융과 일부 분야에 국한된 단면일 뿐이다. 또 코인이나 토큰 등 가상화폐는 시스템을 유지하기 위한 부수적인 요소다. 본질은 공유경제와 마찬가지로 집단지성의 발현이다. 이처럼 집단지성은 메타버스에 피를 만들어 공급하는 심장과 같은 역할을 한다.

정리하자면 집단지성이라는 DNA가 공유경제, 블록체인, 그리고 메타버스로 이어지면서 유전되고 있는 것이다. 이것이 왜 웹3.0 메타버스에는 생산자와 소비자의 경계가 없고, 협업을 통해 가치를 창출하는 위키노믹스가 구현되는지를 알 수 있는 대목이다. 앞 장에서 강조했듯이 웹3.0 메타버스의 유전자는 '함께' 즉, 집단지성이다.

## 벌거벗은 사회

이렇듯 메타버스는 인공지능과 집단지성의 투트랙two track 위에서 굴러간다. 둘의 출발점은 달랐지만 갈수록 간격이 좁아지다가 결국 융합될 것인데, 그때 엄청난 에너지가 발생한다. 2개의 원자핵이 충돌하면서 핵반응을 일으켜 원자번호가 큰 원소를 생성하는 핵융합의 원리가 여기서도 적용되는 것이다.

메타버스는 지능화된 스마트 스페이스smart space다. 여기서 사람들은 전지全知해지고 모든 것이 숨김없이 투명하게 오픈된다. 벌거벗은 사회naked society, 그게 어떤 모습일지 상상이 가지 않는다면 호모 사피엔스가 동굴에서 살았던 시절을 떠올려 보라. 우리 조상들은 서로를 속속들이 알고 있었고, 사냥하거나 채집한 식량은 네 것 내 것 없이 공평하게 나눠 가졌다. 아이를 낳으면 함께 키웠고, 공동체를 사랑했다.

메타버스는 동굴과 같은 곳이다. 인류가 메타버스를 그리워하는 것은 집단무의식이 꿈틀대기 때문이다. 문명이라는 미명 하에 잃어버린 인간성, 자유, 사랑, 공동체 정신을 회복하는 운동, 즉 "동굴로 돌아가자"는 것이 메타버스의 모토다.

### 메타버스의 몸체, UI

인공지능과 집단지성이 메타버스의 두뇌와 심장을 만든다면, 몸체를 만드는 건 UIUser Interface 기술이다. 이미지 처리, 3D 그래픽, VR·AR 기술, 홀로그램, 햅틱HAPTIC, 게임 엔진 등은 현실세계와 유사한 모습을 연출해 가고 있다. 메타버스를 인체에 비유했을 때 각 기술의 관계를 〈자료 2-4〉와 같이 정리할 수 있다.

1980년대 컴퓨팅 환경을 떠올려 보자. 사용자 인터페이스가 조악했다. 지금은 컴퓨터 화면에 있는 그래픽 아이콘을 마우스로 누르면 작업이 수행되지만, 당시는 키보드를 통해 명령어를 입력해야 했다. GUIGraphic User Interface 기술이 부족했기 때문이다. DOS 방식이었던 마이크로소프트가 글로벌기업으로 떠오른 건 GUI 방식의 윈도Windows

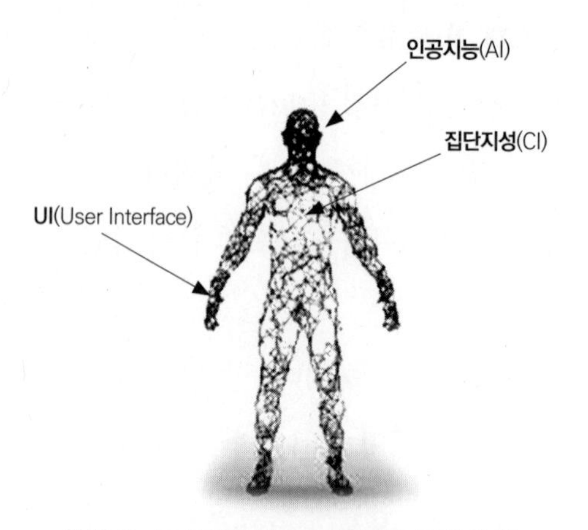


**〈자료 2-4 : 인체에 비유한 메타버스 구성 기술〉**

인공지능은 메타버스의 두뇌,
집단지성은 심장,
UI기술은 몸체의 기능을 한다.

가 출시되면서부터였다.

또 1990년대에는 인터넷이 확산되긴 했으나 초기 웹브라우저는 텍스트 위주였다. 이미지를 디스플레이하지 못했던 것이다. 1993년 일리노이대 연구소 학생이었던 마크 앤드리슨과 에릭 비나가 그래픽을 지원하는 모자이크Mosaic를 개발한 게 GUI 웹브라우저 최초의 성공사례라 할 수 있다.

그런데, 이젠 2D 그래픽이 3D로 진화하고 있다. 특히 2010년대 들어 컴퓨팅 파워와 네트워크 속도가 급성장했고, 그와 같은 인프라 위에 클라우드, 인공지능 등 기술이 가세하면서 UI와 3D 디스플레이 관련 기술들이 급발전했다. 몇 가지를 살펴보자.

## VR 기술, 메타버스로 들어가는 문을 열다

첫째, 가상현실VR 기술. VR은 1960년대 후반에 미국 NASA에서 우주비행선 조종사 훈련용으로 시작된 기술이다. 가상현실은 물리적 현실과는 정반대 지점에 있다. 즉, 물리적으로 원자atom라는 최소단위로 이루어진 아날로그 세상과는 다른 0과 1의 비트bit로 이루어진 디지털 세상이고, 시공간 역시 연대기적kronos이 아니라 초월적kairos이다.

영화 〈아바타〉에는 판도라 행성이 있는데 이곳은 가상현실이다. 판도라의 원주민인 나비족과 인간은 서로의 DNA를 섞어 인공 육체, 아바타avatar를 만들어 낸다. 가상현실인 판도라에서는 '디지털 자아'라 할 수 있는 아바타로 살아가는 것이다.

가상현실로 들어가기 위해서는 물리적 현실physical reality로부터 완전히 분리되어야 한다. 일단 아바타를 만들어야 하고, 아바타와 '나'를 연동시켜야 한다. 시각, 청각, 촉각 등 모든 감각이 차단되어야 몰입감을 제고할 수 있다.

2010년대 들어 가상현실로 들어가는 디바이스 개발이 본격화되었다. 페이스북이 인수했던 오큘러스VR은 19세 청년 팔머 럭키가 몇몇 동료들과 2012년 공동창업한 회사다. 캘리포니아 롱비치의 작은 트레일러에 몇 명이 모여 조잡한 렌즈와 플라스틱을 조립하여 머리에 뒤집어쓰는 HMDHead Mounted Display를 만들기 시작했고, 킥스타터를 통해 초기 크라우드 펀딩에 성공한다.

그로부터 2년 뒤 오큘러스는 시제품도 완성되지 않은 상태에서 20억 달러에 매각되었고, 현재 '오큘러스 퀘스트'는 사명 변경에 맞춰 '메타 퀘스트'로 개명해서 메타버스 행보에 중추적인 역할을 하고 있다. 당시 마크 저커버그는 인수를 결정하면서 이런 말을 했다.

"이번 인수는 미래를 위한 새로운 플랫폼을 준비하는 일이다. 오큘러스는 우리가 일하고, 놀고, 소통하는 방식에 변화를 줄 것이다."

그가 준비한 새로운 플랫폼이 2020년 발표한 가상사무 협업공간 '인피니트 오피스Infinite Office'와 메타버스 SNS '호라이즌Horizon'이다. 오큘러스 인수는 메타前 페이스북의 메타버스 행보의 포석이었던 셈이다.

또 2011년 AR 기기 대중화의 비전을 품고 창업한 매직리프Magic Leap에 구글, 알리바바, 퀄컴 등이 대규모 자금을 투자했고, 마이크로소프트는 2016년 홀로그래픽 기술을 이용한 홀로렌즈Hololens를 출시했다. 애플은 2020년 '넥스트 VR'을 인수하면서 스마트폰 이후의 시대를 준비해 왔고, 2022년 아이폰과 연동하는 AR 글라스를 출시한다고 발표했다. 아이폰이 데이터센터 역할을 하고 글라스에 디스플레이하는 웨어러블 기기다.

이같이 플랫폼제국들은 메타버스에서의 또 한 차례 일전을 대비해 칼을 갈고 있다. VR 기술은 현실세계의 감각을 차단하고 메타버스로 들어가는 문이다. 누가 문턱을 최대한 낮추고 넓은 길을 만드는가가 이 싸움의 관건이다.

### 햅틱 기술, 메타버스에 감각을 부여하다

둘째, 햅틱 기술의 발달이 메타버스를 실감나게 만들고 있다. 햅틱haptic은 '만지다'라는 그리스어 'Haptesthai'에서 유래한 단어인데, 인체의 모든 촉감 기관을 통해 느끼는 지각을 의미한다. 햅틱 기술은 메타버스와 현실세계를 연결하는 인터페이스interface에 있어 핵심적인 요소다.

용어가 생소하지만 이미 스마트폰에서 우리가 이용하고 있는 기술이다. 스마트폰의 입력장치는 키보드나 마우스가 아니라 터치스크린이고, 손가락으로 확대, 축소할 수 있는 것도 햅틱 기술 덕분이다. 또 진동이 울리는 것도 청각 대신 촉각을 사용하는 것이다.

머리에 HMD를 쓰고 가상세계에 접속하면 시청각적으로는 실감할 수 있지만, 그것만으로 움직임이나 터치의 감각, 냄새나 맛 등은 느낄 수 없다. 시각과 청각 데이터를 디지털화하는 기술은 발달했지만 다른 촉감을 0과 1로 전환하려면 많은 센서 기술의 도움이 필요하다.

메타버스에서 아이돌 그룹이 콘서트를 할 때 햅틱 기술이 활용된다. 예를 들어, 제페토에서 블랙핑크가 콘서트하는 상황을 떠올려 보자. 아바타들이 춤을 추는데 인간 블랙핑크의 춤을 똑같이 따라한다. 그렇다면 미리 아바타들의 춤동작을 프로그래밍해서 입력해 놓은 것일까?

아니다. 여기에는 '모션캡처'라는 햅틱 기술이 적용된다. 모션캡처motion capture란 몸에 센서를 부착시키거나, 적외선을 이용하는 등의 방법으로 인체의 움직임을 디지털 형태로 전환하는 기술이다. 블랙핑크가 스튜디오에서 모션캡처 슈트를 입고 춤을 추면 어깨, 팔꿈치, 손목, 다리, 관절 등에 부착되어 있는 센서가 동작을 캡처하고, 이 데이터가 디지털로 전환되어 화면에 디스플레이되는 원리다.

영화에도 많이 쓰인다. 〈반지의 제왕〉에 등장한 골룸이 한 예다.

> "영화에서 골룸의 얼굴 표정과 동작 등 실제 배우의 연기를 여러 대의 적외선 카메라로 찍어 컴퓨터로 기록한 다음 그 움직임을 컴퓨터 그래픽으로 만든 골룸 캐릭터로 표현하도록 합성하는 것이다."
>
> **– 위키피디아, '모션 캡처'**

## VR 웨어러블, 감각을 대체하다

촉각을 전달해 주는 VR 장갑도 러시를 이루고 있다. VR 장갑을 끼고 가상세계에 접속해서 촉감을 느낄 수 있고 반대로 내 손의 움직임을 가상세계에 있는 아바타에게 전달할 수도 있다. 모션캡처 기능 덕분이다. 영화 〈마이너리티 리포트〉에 나오는 허공 위 손짓만으로 모니터에 글자를 입력하는 장면도 햅틱 기술이 적용되는 사례다. 이러한 햅틱 기술은 의료나 교육 분야에서도 활용될 수 있다.

VR 손목밴드도 있다. 2019년 페이스북은 뇌의 전기신호를 컴퓨터에 입력할 수 있는 손목밴드 개발 업체CTRL-Labs를 인수했다. 밴드를 통해 팔과 손가락의 움직임을 추적해서 가상현실과 상호작용하는 것이다. 이들의 궁극적인 비전은 생각만으로 컴퓨터를 조종할 수 있는 BCIBrain-Computer Interface 기술이다.

뇌 활동만으로 기기를 제어하겠다는 꿈은 일론 머스크도 꿨다.

2016년 설립한 뉴럴링크가 그 결과물이다. 2021년에는 칩을 뇌에 이식한 9살 원숭이 '페이저Pager'가 조이스틱 없이 뇌 활동만으로 게임을 하는 뉴럴링크의 연구 결과가 공개됐다.

테슬라는 자율주행 전기차 만드는 회사가 아니다. 자동차는 단순히 이동수단이 아니라 VR 웨어러블이 될 수 있고, 자동차 모빌리티 연장선상에 우주도 있다. 그리고 우주도 일종의 메타버스다. 테슬라의 메타버스 모빌리티 비전은 2020년 발표한 테슬라슈트Teslasuit에도 드러나 있다. 테슬라슈트는 촉각피드백, 모션캡처 기능, 온도 재현 기능을 탑재한 VR 의류다.

VR 웨어러블은 계속 늘어나고 있다. 만일 인류가 햅틱 기술이 적용된 VR 모자, 글라스, 손목밴드, 장갑, 의상 등을 착용하고 다닌다면, 또는 두뇌에 칩을 임플란트한다면 어떤 일이 일어날까? 현실세계에서의 움직임과 느낌이 메타버스 속 내 아바타에게 전달되고 동기화된다. 이른바 디지털 트윈이 완벽히 구현될 수 있는 것이다.

반대의 경우도 상상해 보자. 가상세계에서 생활하다가 화상을 입는다면 현실세계의 '나'도 화상을 입을까? 또는 VR 여행 중 교통사고를 당했다면? 거기서 죽는다면 여기서 나도 죽는 것일까? 햅틱 기술이 고도화되면 현실세계와 가상세계의 경계가 흐릿해지고 쉽게 넘나들 수 있게 된다. 무엇이 현실이고 무엇이 가상인지 헷갈리는 것이다.

**메타버스는 웹3.0이다**

2010년대 들어 급물살을 타기 시작한 4차 산업혁명과 ICT의 발달은 웹 생태계에 두뇌를 만들었고, 입체적인 3D 몸체를 꾸며 주었다. 스마트화와 3D 입체화의 방향으로의 진화, 그것이 웹3.0이다. 선형적이었던 웹이 평면적으로, 나아가 입체적으로 변하고, 거기에 지능까지 붙으면서 역동적인 모습으로 진화하는 것이다. 그러면서 인류가 구현하고자 했던 메타버스가 드디어 모습을 드러낼 수 있게 되었다.

웹3.0 메타버스의 궁극적 모습은 인간과 사물이 연결되어 고도로 지능화된 스마트 스페이스다. 그 안에서는 모든 것이 투명해지고 평등해진다. 또 현실세계와 쌍둥이처럼 닮아 있고 경계가 사라진 융합 시공간, 이것이 메타버스의 실체다.

다시 한번 메타버스의 역사를 돌이켜 보자. 1990년대 인터넷이 지구를 거미줄web처럼 연결시켰고, 집단지성이 생기면서 웹 환경은 2.0으로 진화했다. 여기에 스마트폰이 혁명의 트리거를 당겼고, 2010년대 들어 인공지능과 블록체인, 그리고 VR 기술과 햅틱 인터페이스, 센서 기술, 3D 데이터 처리기술, 유니티Unity와 언리얼 등 쉽게 게임을 구현할 수 있도록 도와주는 게임 엔진의 보급 등이 가세하면서 생태계는 다시 웹3.0이라는 새로운 차원으로 도약할 수 있게 된 것이다. LTE나 5G 등 초고속 네트워크와 반도체 등 컴퓨팅 파워의 발달이 메타버스로 가는 인프라를 깔아 준 것은 말할 나위 없는 일이다. 지금까지 논의한 메타버스의 기술적 계통도를 〈자료 2-5〉와 같이 요약정리해 볼 수 있겠다.

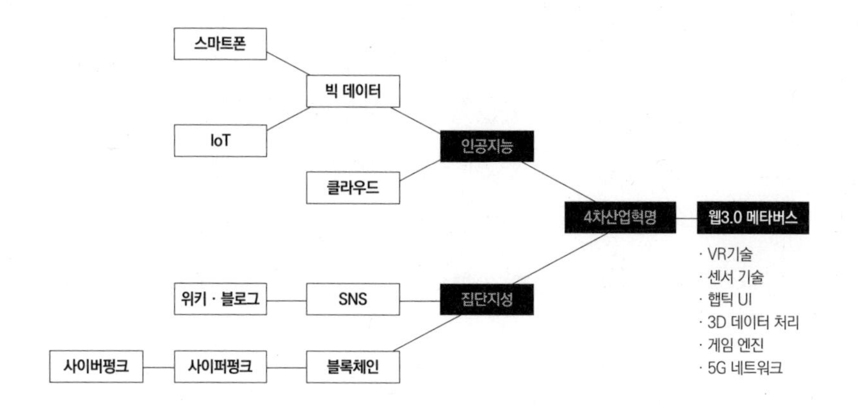


**〈자료 2-5 : 메타버스 계통도〉**

인공지능과 집단지성의 융합이 4차산업혁명이며,
여기에 관련 기술들이 얹어지면서 메타버스를 형성해 가고 있다.

이제 본격적인 웹3.0 시대가 되었다. 웹1.0에서 2.0으로의 변화를 감지하지 못하고 머물러 있던 기업들이 새로운 환경에 적응하지 못하고 몰락했듯이 웹3.0의 본질과 구조, 작동 원리를 이해하지 못하고서는 메타버스의 시대를 맞이할 수 없다.

메타버스는 오래된 미래다. 또 이미 우리 곁에 와 있는 미래이기도 하다. 사이버펑크 《뉴로맨서》의 저자 윌리엄 깁슨의 말처럼 "미래는 이미 와 있다. 단지 골고루 퍼져 있지 않을 뿐이다. The future has already arrived. It's just not evenly distributed."

그런데, 점점 골고루 퍼져 가는 중이다. 가속되기 시작했다. 앞으로 10년, 우리는 그것을 생생히 목격하게 될 것이다.

# 6장. 웹3.0 시대, 게임의 법칙이 바뀌었다

## 웹3.0의 세 가지 속성

웹3.0 시대가 도래했다. 웹3.0은 초창기 웹에 비해 크게 세 가지 방향으로 진화해 왔다. 지능화, 입체화, 역동성이 방향축이다. 즉, 1990년대 조성된 웹 생태계는 2000년대 중반 웹2.0 환경으로의 변화를 겪었고, 여기에 지능이 붙고 입체적으로 변하면서 역동적인 웹3.0으로 진화한 것이다.

메타버스를 인체에 비유하자면, 1990년대 인터넷 자궁에서 잉태된 아기에게 지능이 생기고 몸체가 커지면서 활동적인 청년으로 성장하고 있다. 희미했던 메타버스가 서서히 실체를 드러내고 있으며, 호모 메타버스들은 대이동을 준비하고 있다. 그렇다면 스마트해지고 입체화된 역동적인 웹3.0은 어떤 변화를 일으킬까?

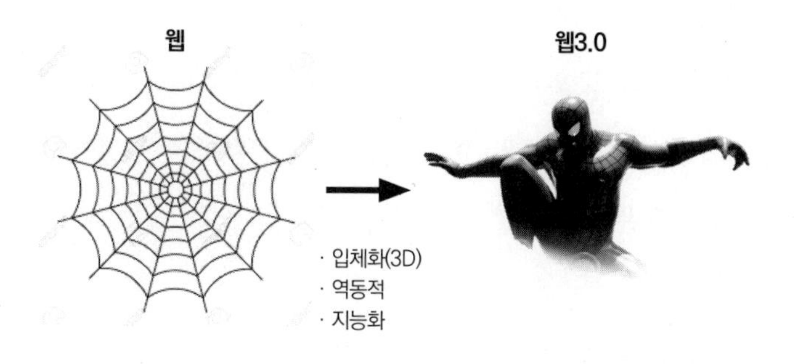


〈자료 2-6 : 웹3.0으로의 진화의 세 가지 축〉

### 포털 vs 플랫폼 vs 메타버스

첫째, 비즈니스의 중심축pivot이 메타버스로 이동한다. 웹1.0 환경은 '포털' 중심이었다. 문지방을 의미하는 포털portal은 웹 생태계로 들어가는 관문이었고, 포털을 중심으로 온라인 비즈니스들이 활성화됐다.

1994년 시작된 야후가 최초의 포털이라 할 수 있는데 한국에서도 다음, 네이버 등이 1990년대 중후반에 창업됐다. 포털들은 이메일 계정, 게시판, 카페 등을 통해 커뮤니티를 활성화했고, 게임이나 교육, 엔터테인먼트, 생활 정보, 뉴스 등 콘텐츠를 확보하고 정원처럼 꾸며 유저들을 오래 머물도록 유도했다.

그러다 웹2.0 환경으로 변하면서 '플랫폼'이라는 용어의 쓰임새가 늘어났다. 플랫폼은 기차를 타는 사람과 내리는 사람이 만나는 곳이다. 콘텐츠를 소비만 하던 유저들이 생산자가 되는 환경에서 콘텐츠를 찾기 위해 선형線形적으로 포털로 들어가는 게 아니라 2D 플랫폼에 모이는 변화가 일어난 것이다. 구글이 퀀텀점프할 수 있었던 것은 웹2.0의 기류를 탔기 때문이다. 인터넷 사용형태가 서핑에서 서치로 바뀌면서 오픈 플랫폼open platform 구글과 울타리 정원walled garden 야후는 역전된다.

플랫폼은 양면two-side 비즈니스다. 생산자와 소비자들이 만날 수 있는 게임판의 역할을 하는 것이다. 즉, 한 뙈기의 땅plat을 형성form해 주는 것이 플랫폼 비즈니스의 요체다. 플랫폼 비즈니스는 일종의 ARGAlternate Reality Game, 대체현실게임다.

이러한 원리와 속성, 구조를 이해하고 플랫폼으로의 전환에 성공한 아마존과 알리바바 등은 쇼핑의 영역을 장악했고, 페이스북, 트위터, 카카오톡 등은 소셜 미디어 플랫폼으로 자리 잡았다. 또 사람들이 스마트폰을 손에 쥐고 다니게 되면서 금융과 결제fintech, 교통, 여행, 배달, OTT, 패션, 엔터테인먼트 등 거의 모든 산업 영역에서 플랫폼 전쟁이 벌어졌다.

그러나 웹3.0 환경에서 2D 플랫폼은 구닥다리다. 당연히 3D 플랫폼으로 업그레이드되어야 하는데, 그게 메타버스다. 앞으로는 '플랫폼'이라는 용어를 '메타버스'가 대체하게 될 것이다. 예를 들어, 배달 플랫폼은 배달 메타버스로 불리게 될 것이고 여행 플랫폼 대신 여행 메타버스가 자리 잡게 된다.

### 메타버스로의 피봇팅

1D 포털에서 2D 플랫폼으로 전환될 때 역전과 이동이 일어났었던 역사가 3D 메타버스 생태계에서 재현될 수 있다는 경각심을 가져야 한다. 피봇팅pivoting이 필요하다는 얘기다. 원래 피봇팅은 농구에서 공을 든 채 한쪽 다리를 이 방향 저 방향 옮기는 제스처를 취하면서 다음 플레이를 준비하는 동작 용어인데, 핵심역량 등 사업의 중심축pivot은 유지하면서 사업의 방향을 트렌드에 맞게 재빨리 전환하는 경영전략을 의미한다.

그런데 잊지 말아야 할 점은 2D 플랫폼에 z축만 더 얹는다고 3D 메타버스가 되진 않는다는 것이다. 차원이 달라지면 속성과 작동 원리도 달라진다. 3D 메타버스의 새로운 문법을 익혀야 하는 것이다.

### 웹 vs 앱 vs 봇

둘째, 지능화된 웹3.0 환경에서는 봇bot이 사업성과를 좌우한다. 봇은 인공지능 로봇을 줄인 말이다. 봇 없이는 메타버스를 구현하거나 운영할 수 없고, 앞으로 모든 기업은 자사의 봇을 만들어 보유하게 될 것인데, 그게 브랜드 아바타다.

1990년대 웹 생태계가 활성화되고 사업의 중심축이 온라인으로 이동하면서 포털이나 전자상거래 등 많은 웹 사이트가 생겨났고, 기업들은 앞다퉈 홈페이지를 만들었다. 싸이월드는 일반인들에게도 홈피를 갖게 해 주자는 아이디어로 2000년도 창업했고, 회사 웹 사이트 주소에 닷컴.com만 붙으면 묻지마 투자가 몰리는 닷컴버블도 2000년대 초에 생긴 현상이었다.

웹의 시대, 온라인 비즈니스는 웹 사이트에서 이루어졌다. 그러다 스마트폰이 대중화되자 PC를 통해 웹 사이트에 접속하는 대신 스마트폰을 들고 다니면서 인터넷을 사용하는 형태로의 변화가 일어났다. 모바일 시대가 되면서 기업들은 '웹'보다는 '앱'을 만들기 시작했다. 기존 PC 환경에 최적화되어 있던 웹 사이트를 스마트폰 화면에 맞게 수정할 수도 있지만, 모바일 웹website보다는 모바일 앱application이 빅 데이터 시대에 적합했기 때문이다.

웹2.0 환경의 모바일 시대에는 앱이 대세였다. 사람들의 스마트폰에는 수십 개씩의 앱이 깔려 있고 다운되었다 지워졌다를 반복한다. 그러나 웹3.0 메타버스의 시대가 본격화되면 앱은 무용지물이 될 수도 있다. 메타버스에서 봇은 앱의 경계를 넘나들기 때문이다.

### 슬기로운 쇼핑 생활

쇼핑을 예로 들어 보자. 지금은 어떻게 하는가? 일단 쇼핑몰 앱을 열고 사고자 하는 상품을 찾는다. 쿠팡과 SSG, 또는 경쟁사이트를 비교해 보고 어디 상품이 좋을지 가격이나 혜택은 어떤지 등을 비교해서 결정하는 프로세스를 밟는다. 이것은 과거 시장에서 쇼핑하던 장면과 비슷하다. 쇼핑하기 위해 시장에 들어서면 상인들이 앉아 있고, 고객들은 여기저기를 돌아다니면서 비교해 보고 구매하지 않았는가?

시장이 스마트폰으로 바뀌었을 뿐이다. 스마트폰을 열면 판매자들의 앱매장이 있고 구매자들은 발품 대신 손품 팔다가 결정한다. 이것은 판매자시장seller's market의 모습이다.

그런데, 메타버스는 구매자시장buyer's market이다. 여기에서의 쇼핑 프로세스는 다르다. 메타버스에 가면 판매자는 없고 구매자만 보인다. 구매자가 "침대를 사야겠어."라고 자신의 비서 봇에게 말하면 봇이 침대 상인들에게 구매공고를 낸다. 구매공고를 보고 입찰에 참여하는 것은 상인들의 봇이다. 경쟁사 봇들이 자신들의 솔루션을 제안하면 비서 봇은 이를 비교해 보고 주인에게 적합한 후보 리스트를 요약해서 주인님 눈앞에 갖다 바친다. 물론 비서 봇은 주인의 취향이나 라이프스타일, 주머니 사정까지 꿰고 있어 가장 적절한 큐레이션을 해 줄 것이다. 주인이 최종결정하면 비서 봇이 알아서 주문과 결제까지 마친다.

구매자시장의 모습을 이해하려면 구글의 검색을 떠올리면 된다. 검색 이전 사용자들은 정보를 찾기 위해 정보의 바다를 서핑해야 했다. 시간이 오래 걸릴 뿐 아니라 입에 맞는 정보를 찾아내는 것은 쉬운 일이 아니었다. 그런데 구글 검색창에 검색어keyword만 입력하면 검색 로봇이 웹 페이지 전체를 돌아다니면서 주인님이 원하는 내용을 긁어모아 눈앞에 갖다 바친다. 동일한 원리로 메타버스에는 쇼핑 로봇이 돌아다닌다.

"The next step is that instead of multiple customers comprising a market, we recognize that multiple markets comprise every customer. 다음 단계는 다수의 고객이 시장을 구성하는 대신, 다수의 시장이 모든 고객을 구성하게 된다.”

이것이 경영 컨설턴트 조셉 파인이 말한 구매자시장 모습이다. 구매자가 중심이 되고 그 주위로 판매자들이 모여들어 시장을 구성하게 되는 구조다. 판매자시장에서 구매자시장으로의 전환, 이것이 메타버스의 본질이고, 2D 플랫폼과 3D 메타버스의 차이점이다.

## 아바타는 봇이다

앞으로 기업들은 홈페이지나 앱 대신 봇 제작에 박차를 가할 것이다. 브랜드 봇 하나씩은 키워야 한다. 또 개인들도 비서 봇을 갖게 될 것이다. 일반인들이 봇을 만들 수 없으니 분양하거나 제작을 지원하는 소프트웨어들이 많아진다. 마치 개인 홈피나 블로그 저작도구들이 생겨났었듯이. 봇은 메타버스 안에서는 아바타avatar로 불린다.

과거 웹2.0 환경으로 변하면서 웹에서 앱으로 중심이 이동했듯이, 웹3.0 메타버스 생태계에서는 앱에서 아바타 봇으로 이동할 것이다. 앱의 시대가 가고 아바타 봇의 시대가 오는 것이다. 그리고 아바타는 단지 상징적인 그림 파일이 아니라 지능을 장착한 AI 로봇이다.

메타버스는 AI 아바타의 영역이다. 이 말은 인간이 개입하기 어려워진다는 뜻이다. 자율주행차가 거리를 질주하는 시점이 되면 인간이 운전하는 차는 다닐 수 없게 된다. 신호체계나 거리가 운전 봇에 맞게 설계되어 있고 봇들끼리 정보를 주고받으면서 운행하는 가운데 인간이 낄 수 없기 때문이다. 마찬가지로 아바타들이 활동하는 메타버스는 인간이 개입할 수 없는 영역이 될 수도 있다.

### PC vs 스마트폰 vs 웨어러블

웹3.0이 일으키는 세 번째 변화는 웨어러블wearable의 부상이다. 벌써 수년 전부터 'next smartphone'이라는 화두가 떠올랐다. 스마트폰 시대가 끝나 가고 있다는 경고음이다. 등장한 지 10년도 안 돼 퇴장의 목소리가 나오기 시작했고, 대체할 기술로 VR과 AR, HMD나 글라스, 밴드 등의 웨어러블 기기가 후보에 올랐다. 그리고 그것이 현실로 변해 가고 있다.

개인용 디지털 단말기는 PC에서 시작됐었다. 반도체와 디지털 기술이 발달하면서 컴퓨터는 점점 작아지고 컴퓨팅 성능은 향상될 수 있었다. 그 결과 1970-80년대 들어 PCPersonal Computer가 예전에는 전문가들이나 대기관에서나 쓸 수 있었던 대형컴퓨터를 대체했고, 사람들은 집이나 회사에서 컴퓨터를 사용할 수 있게 되었다.

PC 시대가 열리면서 마이크로소프트와 인텔이 급부상한 한편 컴퓨터의 대명사였던 IBM은 침체의 늪에 빠졌다. 1990년대는 마이크로소프트의 시대였다 해도 과언이 아니다. 윈도가 PC 운영체제 시장을 장악하면서 세계 최고의 기업이 될 수 있었고, 인텔의 CPU와 함께 '윈텔'이라는 신조어도 낳았다.

그러나 1990년대 말부터 새로운 기운이 맴돌기 시작했다. PC가 경박단소輕薄短小해지면서 휴대할 수 있는 기기가 등장한 것이다. mp3

플레이어는 소니의 워크맨을 대체했고, 각종 PDA[Personal Digital Assistant]가 출시되었다. 애플이 아이팟에 이어 아이폰을 만든 것도 이러한 트렌드를 탄 것이다.

2007년 아이폰의 성공은 스마트폰 시대를 열었고, ICT 업계에도 지각변동이 일어난다. 휴대폰의 원조 모토로라와 노키아는 침몰했고, 운영체제 왕좌의 게임에서 승리한 애플과 구글은 세계 1, 2위의 기업으로 떠올랐다. 반면 PC에 최적화된 마이크로소프트의 운영체제는 스마트폰에서 환영받지 못했고, 인텔의 CPU도 스마트폰의 AP[Application Processor]로는 어울리지 않았다. 전력 소모가 적은 저전력 프로세스인 ARM이 배터리 소모가 많은 스마트폰에는 더 적합했기 때문이다.

결국, 약 20년간 전성기를 누리던 윈도와 인텔 연합인 윈텔[WINTEL]은 구글과 ARM 연합인 지암[G-ARM]에게 지위를 빼앗겼다. PC에서 스마트폰 시대로 변하면서 비즈니스 헤게모니가 이동했던 역사다.

### 넥스트 스마트폰 시대가 온다

변화는 숨 쉴 틈도 안 주면서 계속 몰아치고 있다. 스마트폰이 나온 지 얼마 안 돼 쪼개지기 시작한 것이다. 그것이 사물인터넷[IoT]이다. 사물인터넷이란 모든 사물[things]에 스마트폰 하나씩 쥐어 주는 ―물론 사물에 쥐어 주는 '스마트폰'은 사람이 들고 다니는 대용량, 고성능이 아니라 용도에 특화된 초소형 기기다― 것이다. 그러면 사물들이 서로 데이터를 주고받고 소통할 수 있게 되는데, 그게 사물인터넷이다.

웨어러블은 사물인터넷의 연장선상에 있다. 이미 사람들은 귀에 이어폰을 끼고 손목에 밴드나 워치, 팔찌를 차고 다니고 있다. 웨어러블을 착용하면 굳이 스마트폰을 들고 다닐 필요 없이 집에 놔두고 와도 된다. 웨어러블 기기는 계속 확장될 것이다. 눈에는 글라스를, 머리에는 모자를, 손에는 장갑을, 발에는 신발을 착용하고 다닐 날이 머지않았다. 그 기기들은 서로 소통할 수 있다.

네모난 박스 형태의 스마트폰이 여러 부위로 분해되고 있는 형국이다. 스마트폰 안에 들어 있는 많은 센서는 여러 웨어러블로 나뉘어 들어가고, 사람들이 앱에 접속하지 않고 봇과 대화하는 시대가 된다면 굳이 대용량, 고사양, 고가의 스마트폰이 필요하지 않게 된다. 알라딘의 요술램프 이야기를 떠올려 보라. 알라딘이 반지를 문지르면 요술램프에 숨어 있던 지니가 나타나듯이 VR 반지를 문지르면 내 클라우드에 있는 비서 봇이 나타나 문제를 해결해 줄 날이 곧 올 것이다.

모든 것이 웨어러블이 될 수 있다. 몸에 부착하는 것이나 들고 다니는 물건뿐 아니라 자동차도 웨어러블이 된다. "메르세데스 벤츠는 이제 자동차기업이 아닌 소프트웨어 기업이며, 자동차는 궁극의 웨어러블이다."라고 말한 올라 켈레니우스 회장의 진의가 이것이다. 자동차 업계의 애플이라 불리는 테슬라의 노림수도 단지 성능 좋고 차별화된 전기차를 만들어 매출을 올리겠다는 것이 아니라 넥스트 스마트폰의 운영체제 표준을 선점하겠다는 야심이다.

메타버스 왕좌의 게임에 참여한 플레이어들이 웨어러블 기기에 전력투구하는 이유가 넥스트 스마트폰 시대 헤게모니를 쥐겠다는 생각 때문이다. 기기의 운영체제를 지배한 자가 비즈니스 헤게모니를 장악했던 역사의 교훈을 새겨야 한다.

### 웹3.0 게임의 법칙

앞에서 논의한 웹3.0 시대의 세 가지 변화를 정리하면 〈자료 2-7〉과 같다. 웹1.0 시대에는 PC를 통해 웹web에 접속했고 포털이 길목을 잡고 있었다. 웹2.0으로 변하면서 스마트폰이 PC를 대체했고 모바일 앱app을 만들어 사용자를 모으는 플랫폼 사업자들이 부상했다. 인터넷 보급 이후 지난 30년은 격변의 시대였다. 지각변동이 일어나면서 비즈니스 판도가 완전히 달라진 것이다. 오프라인 기반의 전통산업들은 가치를 잃어버렸고, 권력이 이동하면서 기업 간 역전이 밥 먹듯이 일어났다.

이제 본격적으로 웹3.0으로의 대전환이 시작됐다. 웹3.0은 메타버스의 시대다. 웨어러블 기기를 통해 메타버스에 접속하며 그 안에서는 지능화된 아바타 봇bot이 활동한다. 웹1.0에서 2.0으로 전환될 때 역전과 이동이 일어났듯이 웹3.0 메타버스로의 전환은 권력 이동의 기회가 될 수도 있다. 이것이 플랫폼 공룡들의 메타버스 행보가 빨라지는 이유다.

| | 웹1.0 | 웹2.0 | 웹3.0 |
|---|---|---|---|
| 피봇 | 포털 | 플랫폼 | 메타버스 |
| 소프트웨어 | 웹(web) | 앱(app) | 봇(bot) |
| 디바이스 | PC | 스마트폰 | 웨어러블 |

**〈자료 2-7 : 웹3.0 시대의 세 가지 변화〉**

## 메타버스 게임 아이템 1 : 아바타 봇

그러므로 메타버스행 전쟁 게임에서 신무기 아이템은 크게 두 가지, 아바타 봇과 웨어러블 기기다. 첫째, 아바타 봇은 인공지능의 싸움이다. 일찍부터 플랫폼 공룡들은 인공지능 연구소를 만들고 AI 권위자 스카우트 전쟁을 벌이면서 많은 투자를 해 왔다. IBM의 왓슨Watson, 구글의 AI 비서 어시스턴트, 애플의 시리Siri, 아마존의 알렉사Alexa, 마이크로소프트의 코타나Cotana, 페이스북의 챗봇 블렌더Blender 등이 선두그룹을 형성하고 있는 가운데 한국의 삼성, LG, SK, KT 등도 자체 인공지능 브랜드를 만들어 가고 있다.

앞으로의 메타버스 전쟁은 인공지능의 대리전이 될 것이다. 누가 더 똑똑한 AI를 보유하고 있는가에 사활이 걸려 있는데, 여기서 총알은 빅 데이터다. 데이터를 많이 먹을수록 AI가 더 똑똑해지기 때문이다.

### 메타버스 게임 아이템 2 : 웨어러블 기기

또 하나의 중요한 아이템은 웨어러블 기기다. PC나 스마트폰을 통해 포트나이트, 제페토, 로블록스 등에 들어갈 수 있는데 왜 웨어러블이 필요한가 의문이 들겠지만, 지금의 형태는 인프라와 기술적 한계로 인한 과도기적인 모습이라 할 수 있다. 기술이 고도화될수록 메타버스는 현실세계를 닮아 가고 유저들은 실재감presence과 몰입감immersion을 추구한다.

HMD를 쓰고 VR 영화를 보는 것과 모니터로 VR 영화를 보는 것은 완전히 다른 차원의 사용자경험UX을 제공한다. 또 PC에서 그림을 그리려면 포토샵에서 마우스와 키보드를 조작하지만, HMD나 글라스를 쓰고 VR 장갑을 끼면 컴퓨터 인터페이스 없이 손동작만으로도 그릴 수 있게 된다. 햅틱 기술이 이를 가능하게 해 주는 것이다.

궁극적으로 메타버스는 VR 웨어러블 디바이스를 통해 접속하게 될 것이다. 플랫폼 공룡들이 VR 웨어러블에 투자하고 공을 들이는 이유가 여기에 있다. 가장 발 빠르게 움직여 온 기업은 메타의 전신인 페이스북이다. 페이스북은 2014년 전격적으로 오큘러스 HMD를 인수하고 기술완성도를 높여 '오큘러스 퀘스트' 시리즈를 출시했다. 이름을 바꾼 '메타 퀘스트2'의 가격은 약 40-50만 원 수준인데, 이 정도면 스마트워치 가격과 비슷하다.

아직은 무겁고, 오래 쓰면 어지럽고, 배터리 시간이 짧다는 기술적 한계가 있다. 또 하나의 문제는 VR 콘텐츠가 부족하다는 것이다. 페이스북이 빅박스 VR이나 크레이타 등 게임사를 인수하고, 오큘러스 스토어를 만들어 일반 유저들을 콘텐츠 크리에이터로 끌어들이는 것은 VR 콘텐츠를 확보하기 위함이다. 또 2021년에는 레이밴Ray-Ban과 협업해 스마트 글라스 '레이벤 스토리'를 출시했다. 가격도 레이밴 선글라스보다 크게 비싸지 않은 수준이다.

### 메타가 웨어러블에 진심인 속사정

왜 페이스북은 사명까지 메타로 바꿔 가며 VR 웨어러블에 전력투구하는 것일까? 애플과 구글이 장악하고 있는 스마트폰 생태계에서 벗어나기 위함이다. 2021년 애플과 페이스북이 크게 한판 붙었다. 애플이 청천벽력 같은 선언을 했기 때문이다. 개인정보보호 정책 차원에서 아이폰에 내장된 광고 ID IDFA : ID for advertisers를 통해 수집·제공해 온 사용자 트래킹 데이터를 모바일 앱 사업자들에게 제공하지 않겠다는 내용이었다. 사용자에게 동의를 받아 오면 주겠단다.

이건 애플의 iOS 운영체제 위에서 만들어진 페이스북으로서는 사형선고다. 왜냐면, 페이스북의 주 수익은 사용자 데이터를 활용한 개인맞춤형 광고인데, 애플이 페이스북에게 아이폰 사용자들의 기본정보를 제공해 주지 않는다면 리타겟팅re-targeting—페이스북을 보다 보면 조금 전 검색했던 상품광고가 계속 따라오는데 그게 리타겟팅 광고다—이 불가능해지기 때문이다. 구글도 애플의 개인정보보호 정책에 동조하고 있다. 건축물에 비유하자면, 건물주가 전기를 끊겠다는 얘기다.

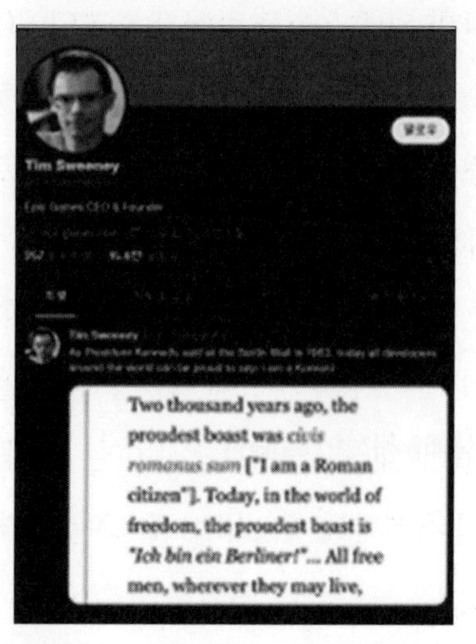


**〈자료 2-8 : 에픽게임즈 CEO의 트위터〉**

한국에서는 세계최초로 2021년 8월 일명 구글 갑질 방지법으로 불리는 '인앱결제 방지법'이 통과되었는데, 에픽게임즈 CEO 팀 스위니는 트위터에 "전 세계 개발자들은 자랑스럽게 '나는 한국인이다'라고 말할 수 있다"고 패러디 글을 올리기도 해서 화제가 되기도 했다. 국경 없는 글로벌 플랫폼에 국가가 어느 정도 규제할 수 있을지 좀 더 지켜볼 일이다.

그 뿐 아니다. 인앱결제도 앱 사업자들에게는 타격이다. 인앱결제in-app purchase란 애플 앱 스토어와 구글 플레이에서 팔리는 모든 앱과 콘텐츠를 결제할 때 애플과 구글이 제공하는 결제시스템을 이용하게 하는 정책이다. 즉, 앱 사업자들은 다른 결제시스템과 연동하여 밖으로 뺄 수 없고 앱 안에서만 결제 가능한 것이다. 이때 애플과 구글은 30%의 수수료를 차감한다.

인앱결제는 계속 갈등을 빚어왔던 이슈였다. 포트나이트의 개발 운영사인 에픽게임즈는 애플을 상대로 반독점 소송을 제기하고 스포티파이 등의 기업과 함께 미국 앱 공정성 연대CAF를 결성하기도 했다. 구글과 애플도 할 말은 있다. 그들은 수천억의 개발비를 투자해서 개발한 운영체제OS를 무상으로 배포하지 않았는가? 또 시스템을 유지 운영하는 비용도 들고 기술적 지원도 해야 한다.

스마트폰 생태계에서는 구글과 애플이 짜 놓은 게임의 법칙에 종속될 수밖에 없고 미래가 불안정하다. 이것이 페이스북이 VR 웨어러블에 진심인 속사정이다. 스마트폰을 웨어러블로 분산시켜 그들의 손아귀에서 벗어나겠다는 의지의 표현이다.

## 왕좌의 게임이 시작됐다

구글과 애플도 눈이 좋은 기업이다. 넥스트 스마트폰 시대를 대비하고 있다. 2013년 AR 글래스를 발표했으나 당시에는 호응을 얻지 못했던 구글은 '구글 글라스 에디션2'로 재도약을 준비하는 한편 AR 스타트업 매직리프Magic Leap에 대규모 투자를 하기도 했다. 애플은 아이폰, 아이패드를 메타버스에 연결하려는 노력을 경주하고 있다. 특히 증강현실 기술에 집중하고 있는데, 개발자들이 쉽게 AR 앱을 만들 수 있는 AR 툴킷을 개발, 지속적으로 업그레이드하고 있다. 또 2022년 AR 글라스를 출시한다고 발표했다.

모바일 시대로 변하면서 왕좌의 자리를 빼앗겼던 마이크로소프트는 메타버스로 재탈환을 노리고 있다. 2016년 혼합현실MR 기반 웨어러블 기기 홀로렌즈Microsoft HoloLens를 출시했고, 2014년 스웨덴 게임사

모장Mojang 스튜디오로부터 인수한 마인크래프트는 메타버스행의 디딤돌 역할을 하고 있다.

마이크로소프트는 윈도 오피스와 같은 사무용 애플리케이션을 활용하여 협업 메타버스 부문에서 비교우위점을 가질 수 있다. 2021년에는 메타버스 협업 플랫폼인 메시Mesh를 출시했는데, 홀로렌즈를 착용하면 메시에서 물리적으로 다른 지역에 있는 사용자들이 한 방에서 회의하는 것처럼 느낄 수 있다.

**"웹3.0 메타버스가 오고 있다."**

웨어러블 생태계로 변하면 권력은 어디로 이동할까? 지금 벌어지고 있는 메타버스 전쟁도 누가 차세대 생태계의 표준을 장악하느냐의 싸움이다. 엔비디아NVIDIA도 인텔을 역전시킬 기회를 메타버스에서 엿보고 있다. 대만 타이베이에서 태어나 어릴 적 미국에 이민 간 젠슨 황은 CPU 회사에서 일한 전문가였고, 그래서 CPU를 만드는 회사를 세우려고 생각했지만, 당시 CPU 시장은 인텔 천하였다. 결국, CPU 개발의 꿈을 접고 그래픽처리장치GPU : Graphic Processing Unit로 차별화하기로 마음먹고 1993년 엔비디아를 창업한다.

엔비디아의 그래픽카드는 병렬연산 처리에서 뛰어난 성능을 보여 자율주행, 딥 러닝, 게임산업 등에서 요긴하게 사용된다. 3D 그래픽 처리가 중요한 메타버스에서 엔비디아가 역전의 기회를 노리고 있다. PC 시절 윈텔WINTEL 연합이 스마트폰으로 넘어오면서 지암G-ARM에게

**〈자료 2-9 : 엔비디아 CEO의 기조연설〉**

주도권을 빼앗겼었는데, 메타버스 웨어러블 시대가 되면 빅 찬스를 맞을 수 있는 것이다. 인텔을 제치고 세계 1위 반도체 회사로 점프업 하려는 꿈을 꾸고 있는 엔비디아는 ARM 인수에도 도전하고 있다.

'메타버스'는 공식적인 학술용어가 아니다. 2020년 10월 엔비디아 젠슨 황 CEO가 연례개발자대회 2020 기조연설에서 "지난 20년간 놀라운 일이 벌어졌다면 미래 20년은 공상과학영화에서 보던 일이 벌어질 것이다. 메타버스가 오고 있다.The Metaverse is coming."라고 화두를 던지고, 이에 마크 저커버그가 맞장구치면서 급속히 회자되기 시작된 용어다. 지난 30년 동안 소설 《스노 크래시》 속에 잠자고 있던 단어가 졸지에 호출된 셈이다. 젠슨 황은 실시간 개방형 3D 디자인 협업 플랫폼인 엔비디아 옴니버스NVIDIA Omniverse 업데이트 버전을 발표하면서 메타버스행을 선언했다.

그러나 메타버스는 어딘가 저 멀리 있다가 오는 게 아니라 이미와 있다. 웹3.0 관련 기술들이 급발전하면서 실체가 구체화되기 시작한 것이다. 젠슨 황이 말한 메타버스는 웹3.0 형태의 메타버스다. 그렇다면 메타버스가 오고 있다는 말보다 "웹3.0 메타버스가 오고 있다"는 표현이 더 정확하다.

현재는 포트나이트, 제페토, 로블록스, 마인크래프트, 동물의 숲 등 새로운 챌린저들이 메타버스로의 길을 열고 있는 가운데 구글, 애플, 페이스북, 마이크로소프트, 엔비디아 등 기술과 콘텐츠를 가진 플랫폼 공룡들이 본격 출격 채비를 하고 있는 형국이다. 왕좌의 게임이 벌어진 것이다.

누가 왕좌를 차지할 수 있을까? 웹3.0 시대, 바뀐 게임의 법칙을 숙지해야 하고, 메타버스의 작동 원리를 간파한 자가 승리한다. 웹3.0 메타버스 게임의 법칙은 봇과 웨어러블의 싸움이다. 다음 장에서는 메타버스의 구조와 세 가지 유형, 그리고 게임 참여자들이 갖추어야 할 세 가지 요건[3C] 등 메타버스의 작동 원리를 살펴볼 것이다.

메타버스는 글로벌기업이나 대기업만의 게임장이 아니다. 중소기업이나 소상공인, 그리고 창업을 꿈꾸는 개인들도 메타버스를 통찰하고 사업을 피봇팅하고 업그레이드해 가야 한다. 故 앨빈 토플러의 말처럼 "미래는 언제나 너무 빨리, 잘못된 순서로 온다."

# 제3부

## 왕좌의 게임
## - 메타버스의 작동 원리

WEB 3.0 METAVERSE

WEB3.0 METAVERSE

# 7장. 메타버스의 세 가지 유형

---

### 용어 정리

메타버스는 정식 학술용어가 아니고, 범위나 경계가 명확한 개념도 아니다. 많은 사람 입에 오르내리면서 통용어처럼 되었을 뿐이다. 〈자료 3-1〉은 구글에서 'metaverse' 키워드를 지난 5년간 전 세계인들이 얼마나 많이 검색했는가를 조회한 데이터인데, 2020년까지는 검색량이 미미하다가 2021년 들어 급상승했음을 볼 수 있다. 앞 장에서 언급했듯이 2020년 10월 엔비디아의 젠슨 황 CEO가 "메타버스가 오고 있다"고 언급한 이래 세간의 관심이 높아졌고, 2021년 들어 사회적 화두로 부상한 것이다.

사실 이전부터 가상현실, 증강현실, 혼합현실, 대체현실, 디지털 트윈, 스페이셜 웹 등의 용어들이 쓰이고 있었다. 마케팅 분야에서는

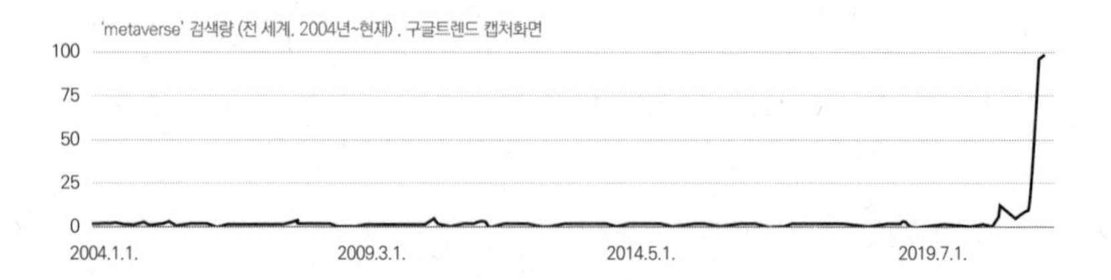


**〈자료 3-1 : '메타버스' 검색트렌드〉**

물리학 개념인 '멀티버스multiverse, 다중우주'가 자주 인용되는 용어였다.

어쨌든 '메타버스'가 대명사로 자리 잡았고 이 추세는 이어질 것으로 보인다. 가상현실, 증강현실, 혼합현실, 대체현실, 디지털 트윈 등은 메타버스의 하위 범주들이다. 또 2007년 미국의 비영리 기술연구단체 ASF는 메타버스의 유형을 증강현실AR, 라이프 로깅Life logging, 거울 세계Mirror Worlds, 가상세계Virtual Worlds라는 4가지 범주로 분류했는데, 분류 기준에 대해서는 이견이 좀 있다.

### 아날로그 vs 디지털

나는 메타버스의 유형을 가상현실, 증강현실, 대체현실로 분류한다. 현실세계를 분류하는 기준은 크게 두 축이다. x축은 구성물질material이고, y축은 시공간time-space이다.

먼저 x축. 구성물질에 따라 '아날로그'와 '디지털'로 나눌 수 있다.

이 둘의 차이는 물질의 최소단위가 아날로그는 원자atom, 디지털은 비트bit라는 점이다. 원자 물질로 구성되어 있는 아날로그 세계는 우리에게 익숙한 곳이다. 반면 0과 1의 비트 덩어리인 디지털 세계는 뉴턴의 물리법칙이 적용되지 않는 이상한 나라다.

디지털 세계의 특징은 융합convergence이다. 물리적으로 분자 구조가 다른 아날로그 물체는 서로 섞일 수 없지만, 디지털 세상에서는 쉽게 융합될 수 있다. 디지털 물체는 모두 0과 1로 이루어져 있기 때문이다. 예를 들어, 동영상을 뜯어보면 0과 1로 구성되어 있고, 비트코인도 프로그래밍되어 있는 코드 덩어리다.

또 분자 구조를 가진 아날로그 물질은 네트워크를 타고 흐를 수 없지만, 비트는 빛의 속도로 이동할 수 있고 다른 디지털 물체들과 쉽게 융합된다. 결과적으로 변형, 복제, 확산도 용이해지는 것이다. 이것이 x축인 구성물질로 구분되는 아날로그와 디지털의 차이점이다.

### 크로노스 vs 카이로스

y축은 시공간으로서 물리적 시공간과 초월적 시공간으로 구분할 수 있다. 우리의 머릿속에는 시간과 공간의 좌표가 있다. 그리고 인간의 모든 지식체계는 이 좌표 위에 설정되어 있다. 시간은 과거-현재-미래로 순차적으로 흘러가는 물리적이고 객관적인 연대기이고, 공간은 경도와 위도나 GPS로 지정할 수 있다. 이것이 물리적 시공간이다.

그런데, 인류가 인터넷이라는 토끼굴에 빠지면서 시간과 공간의

그리스 신화에는 시간을 지배하는 신이 두 명 나온다. 크로노스(Kronos)는 긴 수염을 가진 늙은 현자의 모습으로 묘사되는데, 아버지 우라노스의 성기를 제거해 살해한 후 신들의 우두머리가 되어 세상의 시간을 지배하게 되었고, 부친과 똑같은 운명에 처할 것이라는 예언을 듣고는 절대권력을 놓치지 않기 위해 그때부터 자식들을 모두 잡아먹는다. 이로부터 인간은 누구나 태어나서 시간의 지배를 받아 나이를 먹고 죽음에 이르는 숙명을 안게 되었다는 것이다.

크로노스는 가이아의 예언대로 아들 제우스에게 죽임을 당한다. 우두머리에 등극한 제우스에게는 카이로스(kairos)라는 아들이 있는데, 인간들의 처지를 가엾게 여기고 기회를 주기로 한다. 카이로스는 앞머리는 길게 기르고 뒷머리는 맨들맨들한 민머리인 데다 어깨와 발목에는 날개가 달려 있다. 앞에서 다가올 때는 누구나 쉽게 머리카락을 움켜쥘 수 있지만, 붙잡지 못하면 순간적으로 날아가 버린다. 카이로스는 기회의 신이다. 정확하고 빠르게 판단하고 결단해야 기회를 잡을 수 있음을 상징하는데, 카이로스를 붙잡은 자는 절대적 시간 속에서 자유를 누릴 수 있다.

**〈자료 3-2〉 크로노스와 카이로스**

개념이 바뀌기 시작했다. 인터넷은 시공간의 개념을 파괴한 사건이다. 즉, 순차적으로 흘러가는 연대기적인 시간뿐 아니라 초월적이고 개인적인 시공간도 존재한다.

현실세계의 물리적 시간과는 달리 인터넷 속에서는 동시간적 융합synchronization이 가능해지고, 시간이 개인화될 수도 있다. 또 공간의 물리적인 거리가 무시된다. 지구 반대편에 있는 사람과 동시간에 만날 수 있고 실시간 대화할 수 있으니까. 물리적 시공간뿐만 아니라 초월적meta 시공간도 존재한다는 사실을 깨닫게 된 것이다.

그리스 신화에는 시간을 지배하는 신이 두 명 나온다. 이것이 시간을 의미하는 단어가 되는데, 크로노스와 카이로스다. 크로노

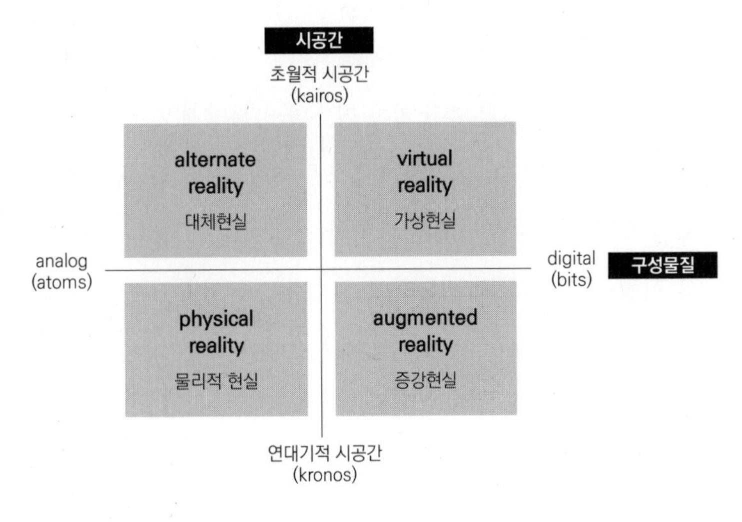


**〈자료 3-3 : 네 가지 세상의 분류〉**

스kronos는 물리적 시간을 지배하는 신이고, —연대기年代記를 뜻하는 영어 'chronicle'의 어원이 되었다— 앞머리는 길게 기르고 뒷머리는 맨들맨들한 민머리인 데다 어깨와 발목에는 날개가 달려 있는 카이로스kairos는 기회의 신이다. 카이로스는 초월적이고 개인적인 시간을 상징한다. 물리적 시공간을 '크로노스', 초월적 시공간을 '카이로스'로 이름 붙일 수 있겠다.

### 네 가지 세상을 발견하다

자, 이제 〈자료 3-3〉을 보자. x축아날로그 vs 디지털과 y축크로노스 vs 카이로스을 교차해서 조합해 보면 세상을 네 가지로 분류할 수 있다. 물리적 현실, 증강현실, 대체현실, 가상현실이 실재한다.

첫째, 아날로그로 구성되어 있으면서 물리적 시공간크로노스의 법칙에 지배받는 세상이 물리적 현실physical reality이다. 물리적 현실은 눈에 보이고 만져지는 우리에게 익숙한 세상이다. 인류는 지금까지 당연히 이것이 이 세상의 전부라고 생각하고 살아왔었는데, ICT의 발달로 인해 아날로그와 물리적 시공간 이외의 다른 세상이 존재함을 알게 되었다. 그리고 물리적 현실에 대비되는 나머지 세 가지 현실을 메타버스라 통칭할 수 있다.

### 정반대의 세상, 가상현실

둘째, 물리적 현실의 대척점에 있는 것이 가상현실Virtual Reality이다. 거기는 아날로그가 아니라 디지털의 세계이고, 시간과 공간의 개념도 없는 초월적인 세상이다. 이전에는 발견되지 못했던 신대륙과 같은 세상인 셈인데 그러다 보니 아직 우리에게 생소한 곳이다.

가상현실은 실제로는 볼 수도 만질 수도 없는 상상 속의 세상이지만 인류는 이야기를 통해 그런 세상을 꿈꾸어 왔다. 서사문학의 본질이 여기에 있는데, 신화의 인물 구조와 시공간 구조는 초월적이다. 동화 속 세상, 유토피아, 천상의 세계, 사이버 등이 가상현실이라 할 수 있는 것들이다.

이곳에서는 시간이 흐르지 않는다. 물리학자 카를로 로벨리의 주장처럼 시간은 에너지의 최소단위인 양자量子, quantum일지도 모른다. 가상 AI 캐릭터들은 나이 먹지 않고 늙을 수도 없다. 또 가상현실에 지어진 건물은 노후화되지 않는다. 시간이 흐르지 않기 때문이다.

공간의 개념도 달라진다. 공간空間은 빈 곳이 아니다. 거기에 눈에 보이지 않는 공空이라는 양자가 채워져 있을 수 있다. 아인슈타인은 시간과 공간이 분리되지 않으며 공간이 휜다는 사실을 증명했다. 가상현실에서는 위치 좌표의 의미가 없고, 순간이동도 가능하다. 21세기 코페르니쿠스는 조만간 인류가 알고 있었던 과학지식을 완전히 뒤집어 놓을 것이다.

가상현실이 궁극의 메타버스이지만 현 단계에서 가상현실에 들어가는 것은 불가능하다. 아날로그로 이루어져 있는 육체와 사물들을 디지털로 바꿀 수 없고, 또 물리적 시공간을 벗어나려면 인간의 모든 감각을 차단해야 하기 때문이다. '판도라'라는 가상현실과 물리적 현실인 지구 사이를 오가며 벌어지는 영화 〈아바타〉 스토리가 이루어지려면 아날로그와 디지털의 융합, 그리고 VR 디바이스 등 과학기술의 발달이 선행되어야 한다.

그러나 호모 사피엔스는 가상현실을 향해 스텝을 밟고 있다. 물리적 현실에서 가상현실로 가는 중간 브리지가 증강현실과 대체현실이다. 그리고 가상현실, 증강현실, 대체현실을 메타버스의 3유형이라 할 수 있고, 이를 통틀어서 메타버스라 부르는 것이다.

### 또 하나의 세상, 증강현실

다음은 증강현실에 대해 논의해 보자. 〈자료 3-3〉처럼 증강현실은 연대기적 시공간크로노스과 디지털을 조합한 세상이다. 즉, 물리적 시공간에 존재하지만, 디지털의 실체를 덧붙인 또 하나의 세상을 증강현실Augmented Reality이라 부른다. 포켓몬고 게임을 떠올려 보라. 스마트폰을 들고 돌아다니는 곳은 물리적 시공간인데, 스마트폰 화면에는 디지털 실체를 가진 포켓몬이 뜬다. 디지털 데이터를 증강해 놓았기 때문이다.

증강增强은 말 그대로 '증가시키고 강화하는' 행위이다. 물리적 현실에 무언가를 덧붙인다는 의미인데, 사실 용어가 생소한 것이지 디지털 이전부터 많이 하고 있던 일이다. 예를 들어, 고궁에 가면 해설사가 동행하면서 역사나 재미있는 스토리를 설명해 준다. 이것이 증강의 개념이다. 역사적 지식 없이 혼자 관람하는 것보다 해설을 들으면 흥미도와 이해도가 증강된다.

물리적 현실에서 해설사가 하던 역할을 AI 해설사가 대신할 수 있다. 고궁에 가서 AR 카메라로 건물을 찍으면 스마트폰에, 또는 안경에 AI 해설사디지털 실체가 등장해서 설명을 해 주는 게 가능해졌다. 마치 알라딘 램프 속에 있던 지니처럼. 아날로그 방식으로 해설하던 것을 디지털 방식으로 제공하는 기술을 AR이라 부르는 것뿐이다.

또 박물관이나 미술관에도 작품 옆에 아날로그 설명서가 증강되어 있다. 그런데 AR 기술로 설명문을 디지털화하면 앱을 열고 AR 카메라를 갖다 대서 스마트폰을 통해 작가의 설명이나 동영상도 볼 수

〈자료 3-4 : 포켓몬고〉

〈자료 3-5 : 자동차 HUD〉

있다. 홀로그램이 대중화되면 작가가 나타나 직접 설명하는 장면을 연출할 수도 있게 될 것이다.

증강현실 기술은 자동차에도 적용된다. 자동차 앞 유리에 네비게이션이나 정보 등을 띄우는 헤드업 디스플레이HUD가 증강현실이다. 운전은 물리적 현실에서 하고 있지만, 동시에 유리에는 디지털화된 정보가 증강된다. 이처럼 크로노스와 디지털의 조합이 증강현실 개념이다.

증강이란 디지털 개념이 아니다. 인류가 오래전부터 해 왔던 일이고, 사례는 너무나도 많다. 공부하는 장면을 생각해 보자. 공부할 때 밑줄 치고 중요 대목에 형광펜으로 표시하지 않았던가? 또 책 여백에

〈자료 3-6 : 증강현실의 시초로 알려진 톰 코델의 장치〉

는 메모도 한다. 메모하는 것도 기억을 증가시키고 강화하는 일이다. 만일 책 위에 투명한 셀로판지를 대고 밑줄 치고 메모한다면, 셀로판지가 증강현실이다. 실제로 증강현실은 그걸 디지털화한 데서 유래했다.

증강현실이란 용어는 1990년 보잉사의 톰 코델이 작업자들에게 항공기 조립을 돕기 위해 디지털화된 가상 이미지를 실제 도면에 중첩시켜 이해를 돕는 과정에서 최초로 사용되었다고 하는데, 현실 세계의 기반 위에 가상의 사물을 합성하여 현실 세계에서는 얻기 어려운 부가적인 정보들을 보강해 제공하는 것을 일컫는다. 이처럼 또 하나의 세상을 덧대는 기술이 AR증강현실이다.

증강현실은 물리적 현실에서 가상현실로 가는 중간지점에 있다. 가상현실로 들어가려면 물리적 현실의 감각을 모두 차단해야 한다.

VR 기기를 착용하거나 뉴럴링크를 통해서만 갈 수 있는데, 지금의 기술로서는 한계가 있다. 증강현실, 홀로그램 등이 디딤돌이라 할 수 있다.

### 날개 달린 세상, 대체현실

마지막으로 대체현실Alternate Reality은 아날로그와 초월적 시공간카이로스의 조합이다. 이를 혼합현실MR : Mixed Reality이라고 지칭하기도 하는데, '혼합'이란 단어는 너무 포괄적이고 모호한 표현이다. 증강현실도 물리적 현실과 가상현실이 혼합되어 있다는 점에서 혼합현실이라 할 수 있지 않은가? 그렇게 치면 현재 기술로서는 모든 게 혼합되어 있다. 그러므로 혼합기술이란 용어는 MECEMutually Exclusive and Collectively Exhaustive, 항목들이 상호 배타적이면서 합쳤을 때는 온전히 전체를 이루는 원칙에 위배된다.

대체현실이라는 표현이 더 적절하다. 국내에서는 '대체현실'은 다소 생소한 용어이지만, 2000년대부터 사용되던 용어고, 실은 일상에 들어와 있던 개념이다. 예를 들어, 매일 사용하는 PC에도 대체현실이 적용되어 있다. PC 자판 하단을 보면 'Alt' 키가 있는데, 'Alternate'의 약자다.

그렇다면 Alt 키는 어떤 기능을 하는가? 자판에서 그냥 알파벳 a 글자를 치면 화면에 a 글자가 타이핑되지만, Alt 키를 누른 상태에서 치면 다른 기능을 수행하게 된다. 즉, 기능을 대체하는 것이 Alt 키인데, 타이핑하는 물리적 공간이 아니라 다른 공간으로 인도하는 기능

〈자료 3-7 : 어스2〉

을 수행한다. 즉, 물리적 시공간이 초월적 시공간으로 대체되는 것이다. 대체alternate의 사전적 의미는 '교대의', '번갈아 하는'이다.

대체현실은 날개 달린 세상이라 정의할 수 있다. 그러나 이 개념 역시 갑자기 생긴 것이 아니라 오래전부터 인류가 해 오던 일이다. 지도map가 대표적인 대체현실이다. 왜 지도를 만들었을까? 물리적 공간을 글과 그림으로 표현하면 시공간을 초월해서 날아갈 수 있기 때문이다. 전쟁 시 지도를 펼쳐 놓고 각가지 상황을 시뮬레이션해 가면서 전략을 짜는 것은 초월적 시공간으로 들어가는 행위다. 지도가 거울세계mirror world의 원형인 셈이다.

어스2Earth 2는 지구를 본뜬 디지털 지도를 만들어 놓고 땅을 분양하는데, 가상의 땅인데도 가격이 형성되고 NFT로 거래가 이루어진다. 봉이 김선달 같지만, 물리적 현실에서 아파트 사기도 난망하고 건물주도 될 수 없는 사람들은 어스2에서 가상 지주로 살아갈 수 있다. 어스2는 지구의 대체현실이다.

대체현실이 이미 일상 속에 들어와 있는 또 다른 예로, 스크린 골프를 들 수 있다. 공이 스크린에 맞는 순간 초월적 시공간으로 날아가는데, 티박스는 물리적 현실이고, 스크린 속 페블비치 CC는 대체현실이다. 물리적 페블비치는 미국에 있고 '나'는 한국의 실내골프장에 있지만, 실제 페블비치에서 라운딩하는 느낌을 받을 수 있다. 즉, 아날로그 물체에 날개를 달아 초월적 시공간을 경험하게 하는 것이 대체현실 기술이다.

사진을 찍거나 영상 기록을 남기는 것도 대체현실에 대한 욕구 때문이다. 물리적 시공간의 제약을 넘어서서 초월적 시공간에 보관하고 공유하고 싶은 것이다. 아날로그 시절에는 앨범이나 테이프에 보관했지만, 지금은 SNS에 자신의 일상을 올린다. 그것이 라이프 로깅life logging의 개념이고, 블로그나 SNS는 대체현실이다. 더 넓게는 웹web 전체가 대체현실이다.

## 디지털 트윈의 실체

대체현실의 좋은 사례가 디지털 쌍둥이digital twin다. 쌍둥이 만드는 것도 이미 하고 있던 일이다. 아파트 건설할 때 단지의 모습을 본뜬 미니어처 모형을 제작하고 분양사무실에 모델하우스도 짓는다. 이건 아날로그 쌍둥이를 만드는 일이다. 아날로그 모형 대신 3D 디지털 형태나 VR 방식으로 만들 수 있는데 그게 디지털 트윈의 개념이다.

이처럼 아바타avatar란 메타버스에 존재하는 '나'의 디지털 쌍둥이다. 웹과 앱에 접속할 때 사용하는 아이디나 프사가 메타버스에서는 아바타인데, 현실세계와 메타버스를 번갈아 오가면서, 즉 대체alternate하면서 사용하는 것이다. 앞에서 언급한 어스2나 스크린 골프도 디지털 트윈이다. 과학기술의 발달로 디지털 트윈은 점차 실제 모습과 닮아 가고 있다.

디지털 트윈 기술은 매우 다양한 영역에서 활용된다. 스마트 팩토리나 물류시스템에 적용해서 생산 효율성을 높일 수 있고, 재난 방지 시스템이나 빌딩관리시스템 등에서도 성과를 올릴 수 있다. 또 위험한 실험이나 자동차 자율주행 테스트 등을 디지털 트윈에서 할 수 있다. 예측, 예방, 시뮬레이션 등에 유용하기 때문이다. 디지털 트윈 활용에 대해서는 제4부 1장에서 자세히 논의하겠다.

이처럼 메타버스는 개념적으로 가상현실, 증강현실, 대체현실로 분류할 수 있다. 메타버스 기술진화의 최종목표는 물리적 현실과 가상현실의 융합이다. 즉, 서로 너무 닮아져서 무엇이 현실이고 어디가 가상인지 헷갈리게 되고, 결국 현실과 가상의 경계가 무너지는 것이다. 그렇게 되면 증강현실이니 대체현실이니 하는 분류도 무색해진다.

### 여기가 현실이야, 가상이야?

이번 장에서는 혼재되어 있는 메타버스 관련 용어들을 정리하면서 메타버스를 가상현실VR, 증강현실AR, 대체현실로 분류하였고, 라이프 로깅, 거울세계, 디지털 트윈 등의 개념도 살펴보았다. 메타버스는 이런 개념들을 포괄하는 통용어다.

흔히 메타버스하면 3D, 또는 VR 게임하는 장면을 떠올리고 화려한 애니메이션 화면을 연상하지만, 그건 메타버스의 본질이 아니다. 메타버스는 크게 두 개의 방향축으로 진화해 갈 것이다. 그 축이 〈자료 3-3〉에 보이는 x축과 y축인데, 점진적으로 모든 개체에 디지털 속성이 부여되고 생활과 비즈니스도 초월적 시공간으로 이동한다.

먼저 x축은, 아날로그와 디지털이 융합되면서 현실세계와 메타버스가 분간할 수 없을 정도로 닮게 된다. 스크린 골프장을 다시 떠올려보자. 티박스는 현실세계이고, 공이 스크린에 맞는 순간 메타버스로 들어간다. 스크린이 현실세계와 메타버스의 경계선인 셈이다.

그러나 메타버스가 진화하면 티박스와 가상 골프cc의 경계가 사라지고, '나'가 현실세계에 있는 건지 메타버스에 있는 건지 헷갈리게 된다. 실내골프장 자체가 메타버스로 변하는 진화가 일어나는 것이다.

또 과거 온라인 골프게임에서는 현실세계에서 골프를 잘 치는 사람이라고 게임 승자가 되는 것은 아니었다. 그러나 메타버스에서는 골프 실력이 현실세계와 동기화된다. 스크린 골프도 그렇지만, 더 진화해서 모션캡처 슈트를 입고 시합을 하면 현실세계에서 잘 치는 사람이 메타버스에서도 잘한다. 현실세계의 움직임이 메타버스 속 내 아바타에게 그대로 전달되기 때문이다.

웨어러블 기기는 물리적 현실의 '나'와 메타버스의 아바타를 점차 동기화시킬 것이다. 물리적 현실에서 감기에 걸리면 아바타가 재채기하고, 아바타가 넘어지면 현실의 '나'가 그 충격을 느끼는 것이다.

모습이나 행동뿐 아니라 내가 지금 어디에 있는 것인지 헷갈릴 정도가 된다. 2500년 전 장자가 꾼 호접몽의 비밀이 밝혀질 수도 있다. 장자가 잠에서 나비가 된 꿈을 꾸다 깼다. 그때 문득 혹시 자신이 나비일지도 모르겠다는 생각이 들었다. 즉, 나는 원래 나비인데 지금 사람 꿈을 꾸고 있는 건지, 아니면 사람인데 나비 꿈을 꾼 건지 의문이 든 것이다. 또 색즉시공, 공즉시색의 철학이 과학적으로 규명될 수도 있다.

**세계관이 달라진다**

또 하나의 방향축은 y축이다. 시공간이 재구성된다. 시공간이 재구성되면 세계관과 지식체계가 뒤집어진다. 500년 전 인류는 코페르니쿠스 전환을 한 차례 경험했었다. 우리가 세상의 중심인 줄 알았는데, 알고 보니 지구는 은하수 저 구석 변방에 있는 점에 불과했다는 사실을 깨닫게 된 것이었다. 천동설에서 지동설로의 변화, 프레임의 전환이 다른 세상을 발견하는 트리거였다. 그때부터 세계관이 달라졌고, 과학지식 역시 급속한 발전을 이룰 수 있었다.

21세기 인류는 메타버스에서 시공간의 대전환을 겪게 될 것이다. 보이는 세상이 실재가 아니고, 우리는 만들어진 세트 속에서 살아가는 트루먼일지도 모른다. 과거, 현재, 미래는 순차적으로 흐르는 것이 아니라 인간 머릿속에 주입된 전기적 신호의 결과물일 수도 있다.

그 가능성을 예고한 게 인류의 시공간을 동기화시킨 인터넷이었다. 웹 세상에서는 물리적 거리나 시차가 무시될 수 있다. 웹3.0 메타버스에서는 시간과 공간의 개념이 사라지고, 새로운 세계관을 갖게 된다. 궁극에는 우리 머릿속에 있는 시공간의 물리적 좌표가 초월적 시공간과 융합되는 경지에 들어간다.

메타버스 플랫폼을 만들려면 자신만의 독특한 세계관 구축이 필수적인 이유가 여기에 있다. SM엔터테인먼트는 발 빠르게 움직이고 있다. SM 컬쳐 유니버스SMCU : SM Culture Universe는 현실세계에서 활동하는 아티스트와 가상세계에 존재하는 아바타가 소통하고 교감하는 현실과 가상의 중간계다. 첫 주자가 에스파aespa였고, 다른 소속그룹들도 동참하고 있다. "또 다른 자아인 아바타를 만나 새로운 세계를 경험한다"는 것인데, 이를 위해 아이, 플랫, 싱크, 리콜, 포스, 나비스, 광야 등의 장치를 구성해 놓았다.

메타버스 왕좌의 게임에 참여하는 기업들은 자신들의 브랜드 세계관을 구축하고 게임을 벌이는 방식으로 비즈니스 모델을 전환해야 한다. 누구의 세계관이 유저들의 공감을 얻고 멋진 비전을 제시하느냐가 메타버스 왕좌의 게임의 위닝샷이 될 것이다.

### 세상에서 가장 재미있는 게임

누가 메타버스 왕좌의 게임 승자가 될까? 승자의 조건은, 현실세계와 메타버스를 융합할 수 있는 기술력technology과 세계관을 만들 수 있는 철학philosophy이다. 기술과 철학은 양대축이다. 기술만으로는 세상을 변화시킬 수 없다. 철학이 없는 기술은 사상누각처럼 오래가지 못하기 때문이다. 웹3.0 메타버스 게임은 세계관 전쟁이다.

〈왕좌의 게임〉 시즌8에서 티리온 라니스터가 이런 말을 던진다. "무엇이 사람들을 하나로 만들unite 수 있을까요? 군대? 황금? 깃발? 아니, 스토리입니다." 그가 의미하는 스토리는 단순한 서사가 아니라 삶의 철학이 융합된 히스토리history다. 어느 세상이건 히스토리만큼 재미있는 게임은 없다.

# 8장. 메타버스 플랫폼이 갖춰야 할 필수템, 3C

## 로블록스의 역주행

"어른에게 스타벅스가 있다면 아이들에겐 로블록스가 있다."

미국 IT 전문매체 긱와이어는 로블록스Roblox의 인기를 이렇게 표현했다. 미국 10대들은 유튜브 이용시간의 2-3배를 로블록스에서 보낸다. 뭐 하면서? 게임하면서. 이건 부모가 들으면 경악할 일이다. 그래서 한 가지를 더 한다. 돈도 번다.

로블록스는 게임업계의 유튜브라 말할 수 있다. 유튜브가 사용자 제작콘텐츠ucc 동영상 플랫폼이라면 로블록스는 사용자가 제작한 게임user created game의 플랫폼이다. 동영상이냐 게임이냐의 차이가 있을 뿐이다.

유튜브가 크리에이터를 위한 스튜디오를 제공하듯이 로블록스에도 일반인이 게임을 만들 수 있는 게임엔진인 스튜디오가 있다. 흔히 '게임' 하면 리니지나 리그오브레전드 등과 같이 화려한 그래픽에 배틀로얄 식의 게임을 연상하지만, 묵찌빠가 게임의 일종인 것처럼 어릴 적 놀던 '무궁화꽃이 피었습니다'나 오징어 게임도 만들 수 있다.

로블록스 스튜디오Roblox Studio에서는 초등학생도 쉽게 게임을 기획하고 제작할 수 있는 저작도구들을 제공한다. 전문적인 코딩 지식 없이도 직관적으로 클릭만으로 게임을 만들어 퍼블리싱할 수 있는 것이다. 이처럼 로블록스는 사용자가 게임을 프로그래밍하고, 다른 사용자가 만든 게임을 즐길 수 있는 온라인게임 플랫폼이자 게임 제작 시스템이다.

그러나 로블록스는 최근까지는 크게 주목받지 못하던 회사였다. 로블록스는 2004년 게임개발사가 아니라 게임엔진 개발사로 시작된 회사다. 게임엔진이란 게임 개발 툴킷tool kit이라 할 수 있다. 즉, 3D 렌더링이나 애니메이션 등 실감 나는 컴퓨터게임 개발에 근간이 되는 기본 기능을 제공해서 개발 과정을 단축시켜 주고, 또 게임을 다양한 플랫폼에서 실행할 수 있게 해 주는 소프트웨어다. 게임개발사들의 입장에서는 자체적으로 게임을 개발하려면 엄청난 시간과 비용이 드니 게임엔진을 라이센싱하는 게 효율적이다. 게임 엔진은 게임뿐 아니라 모든 종류의 3D 디지털 콘텐츠 제작에도 활용된다.

로블록스는 2006년 베타 버전을 시작으로 빌더스 클럽Builders Club 등을 발표했지만 그동안은 게임엔진의 양대산맥인 유니티와 언리얼의 기세에 눌려 있었다. 현재 모바일 게임엔진의 약 60% 이상을 점유하는 유니티Unity는 로블록스와 비슷한 시점인 2004년 덴마크 코펜하겐에서 창업했다. 당시는 어도비 플래시가 한창 잘나가던 시절이었는데, 플래시로는 구현이 힘든 3D 그래픽시장 공략을 노리고 웹 미디어 제작 도구를 목표로 시작됐다. 또 언리얼Unreal은 게임 '포트나이트Fortnite'로 유명한 에픽게임즈가 개발한 게임엔진이다.

자체적으로 개발한 게임엔진 로블록스는 메타버스 붐을 타고 최근 들어 역주행하기 시작했고, 2021년 3월 뉴욕증시에 성공적으로 상장되면서 메타버스 유망주로 스포트라이트를 받고 있다. 어떻게 이런 반전이 가능했을까?

### 인터랙티브 이코노미

로블록스는 유니티처럼 자체적으로 만든 게임엔진을 게임개발사들에 라이센싱해 주는 수익모델보다는 게임 크리에이터와 유저들을 연결해 주는 플랫폼모델에 주력하고 있다. 일반인들에게 게임 제작이란 작업은 쉬운 일이 아니며, 만든다고 해도 퍼블리싱이 어렵다. 즉 진입장벽이 높은 것이다.

동영상과 비교해 보면 실감할 수 있을 것이다. 요즘은 동영상 만드는 건 일도 아니다. 스마트폰으로 찍어서 무비 메이커나 프리미어 프로 등 제작 툴을 사용하면 편집이나 자막 넣기, 애니메이션 제작 등은 누구나 쉽게 할 수 있게 되었다. 그렇게 만들어서 유튜브나 비메오 등 동영상 플랫폼에 업로드하면 끝이다.

5-10년 전엔 어땠는가? 대부분은 엄두도 못 냈다. 스마트폰 카메라가 고사양화되고 제작 툴에 대한 일반인들의 지식과 경험이 늘어나면서 누구나 쉽게 동영상을 촬영, 편집, 퍼블리싱할 수 있게 되었고, 유튜브는 구글의 최고수익상품이 되었다.

게임을 제작해 보라고 하면 그건 내가 할 수 있는 일이 아니라고 생각한다. 무엇을 어디서부터 해야 할지 엄두가 안 나는 것이다. 마치 5-10년 전 동영상을 그렇게 생각했듯이. 그런데 디지털 네이티브인 MZ세대는 다르다. 거기에다 로블록스 같은 플랫폼들이 제작 툴과 스튜디오를 제공해 주고, 퍼블리싱도 간단하게 할 수 있다.

또 그걸 유저들이 플레이하면 게임 크리에이터에게 수익이 돌아간다. 유튜브 크리에이터들이 애드센스를 통해 돈을 벌듯이 쌍방향 경제interactive economy를 만든 것이다. 이것이 메타버스로 달려가는 로블록스가 역주행의 반전을 일으킨 비결이다.

### 제페토 이야기

미국에 로블록스가 있다면 한국에는 제페토가 있다. 메타버스 열풍을 타고 글로벌 플랫폼으로 부상한 제페토ZEPETO는 2021년 기준 2억 명이 넘는 사용자를 확보했는데, 로블록스와 많이 비교되는 플랫폼이다.

제페토의 출생은 좀 복잡하다. 2015년 네이버의 자회사인 캠프모바일은 '스노우Snow'라는 스마트폰 앱을 개발한다. 증강현실AR 기술을 사용해서 스노우 앱의 카메라로 얼굴을 찍으면 그걸 보정하거나 장식을 덧붙일 수 있고, 움짤로도 만들어져 바로 SNS로 공유할 수 있는, 캐치프레이즈 그대로 "일상이 예능 되는 꿀잼 카메라"였다.

네이버 라인과 연동되면서 중국이나 동남아 등 해외에서도 큰 인기를 얻자 2016년 캠프모바일에서 분리하여 스노우㈜ 독립법인을 만들었다. 그리고 2018년 제페토ZEPETO 서비스를 시작했다.

동화 《피노키오》에 나오는 목수 할아버지의 이름을 딴 제페토는 3D 아바타 제작 애플리케이션이다. 사진을 찍거나 휴대폰에 저장된 사진을 불러오면 자동으로 가상의 캐릭터가 생성되고, 사용자가 목수가 된 것처럼 커스터마이징할 수 있도록 했는데, 스노우의 3D 업그레이드 버전이라고도 말할 수 있다. 또 제페토를 생성할 때 부여되는 코드로 팔로우할 수 있는 소셜 기능도 추가했다. 제페토는 다시 2020년 스노우㈜로부터 분사하여 지금은 네이버제트㈜에서 운영하고 있다.

로블록스가 '게임' 기능에 치중돼 있다면 제페토는 'SNS' 성격이 강하다. 자신이 꾸민 아바타가 게시물을 작성할 수도 있고 가상공간에서 다른 이들과 만나 모임을 하거나 대화를 할 수도 있다. 또 여기서 찍은 셀카를 매일 업로드하거나 일기를 쓰는 사용자도 많다.

### 메타버스는 놀이터이자 일터다

제페토에서 큰 수익을 올리는 크리에이터들이 늘고 있다. 첫 번째 유형은 아바타 패션이나 장신구, 아이템 등을 기획 제작해서 사업을 하는 것이다. 사용자들은 과거 싸이월드 시절 아이템을 구매했던 것처럼 메타버스에서의 자신의 모습과 공간을 꾸미려는 욕구가 있기 때문이다. 제페토 스튜디오를 활용하면 누구나 디자이너가 될 수 있다.

개인 크리에이터뿐 아니라 구찌나 루이비통 등 명품브랜드들도 아바타 패션을 판매한다. 수백만 원짜리 명품 옷을 제페토에서는 몇 천 원이면 살 수 있다. 옷이라고 해 봐야 물리적 실체도 없는 디지털 코드에 불과하지만. 그러나 생각해 보라. 물리적 명품 옷도 따지고 보면 아날로그 헝겊 천 아닌가? 또 물리적 현실에서 활동하는 시간보다 메타버스에서 소통하는 시간이 더 길고, 거기서 만나는 사람도 더 많다면 충분한 가치가 있다고 생각하는 것이다.

두 번째 유형은 3D 웹툰이나 웹소설, UCC, 단편영화 등 콘텐츠를 제작하는 사업이다. 내가 꾸민 아바타들을 출연시켜 드라마나 예능 프로그램도 만들 수 있다. 예를 들어, 내 아바타에 교복을 입혀 학원물을 찍고, 한복으로 바꿔 입혀 시대극을 제작하는 식이다.

제페토 스튜디오를 활용하면 현실세계처럼 스튜디오, 촬영 장비, 스태프 인건비 등 큰돈을 들이지 않고도 콘텐츠 제작이 가능하다. 제페토 내부에서 창작된 콘텐츠만 10억 건에 달하고, 수십만 회 조회수를 자랑하는 콘텐츠도 많다. 또는 로블록스와는 다른 형태의 게임도 만들 수 있다. 스토리텔링 능력이 있는 크리에이터들에게는 기회의 땅이다.

세 번째 유형은 제페토 '월드'에 공간을 만들어서 수익을 창출하는 모델이다. 건물을 만들거나, 게임장이나 공연장, 간단한 테마파크 등을 조성하는 것이다. 물리적 현실에서 부동산 개발 사업을 하려면 땅값, 건축비, 시설비 등등 엄청난 비용이 들지만, 메타버스에서는 큰 자본 없이도 도전해 볼 수 있다. 만일 핫플레이스로 소문이 나서 유저들이 몰려온다면 거기서 할 수 있는 사업은 무궁무진하다. 매점을 내서 상품을 판매할 수 있고, 기업의 프로모션 이벤트 장소로 임대 주거나 광고판을 세울 수도 있다.

기업들도 제페토를 마케팅 공간으로 활용하고 싶어 한다. 2억 명의 고객들이 거기 모여 있기 때문이다. 제품설명회나 프로모션 행사, 소비자 리서치, 테스트 마케팅 등을 할 수 있고, 상설전시관을 만들 수도 있다. 명품브랜드들이 러브콜을 보내고 있고, 블랙핑크는 제페토에서 공연하고 팬 사인회도 했다. 물리적 현실에서였다면 4,600만 명에게 사인해 주지 못했을 것이다. 빅히트, JYP, YG가 네이버제트에 투자했고, 소프트뱅크 등의 투자가 이어지는 이유가 이런 맥락이다.

과거 웹 2.0 생태계에서 블로그나 SNS, 동영상, 콘텐츠, 큐레이션 등을 통해 수익을 창출했던 것이 웹3.0 메타버스 생태계에서 입체적이고 동적이고 인터랙티브하게 진화하고 있다. 그리고 수익의 규모도 커지고 있다. 이제 메타버스는 단순히 놀이터가 아닌 일터로 변하고 있는 중이다.

## 콘텐츠는 플랫폼의 엔진이다

로블록스와 제페토의 사례를 들었지만, 이는 빙산의 일각이다. 포트나이트, 마인크래프트, 동물의 숲, 싸이월드Z, 더샌드박스, 디센트럴랜드, 어스2 등이 발 빠르게 메타버스 행렬을 이루는 한편, 메타前 페이스북, 애플, 마이크로소프트, 구글 등 글로벌 공룡들도 그동안의 포석을 토대로 큰 발걸음을 떼고 있는 형국이다.

누가 왕좌를 차지하게 될까? 메타버스 왕좌의 게임에 참여하는 플랫폼이라면 반드시 갖추어야 할 세 가지 필수 아이템이 있는데, 3C로 요약할 수 있다. 3C는 콘텐츠Contents, 커뮤니티Community, 커머스Commerce다.

첫째, 콘텐츠Contents는 플랫폼의 핵심, 즉 엔진이다. 굳이 설명하지 않아도 2021년 〈오징어 게임〉이 넷플릭스에 안겨 준 이익을 보면 알 수 있다. 좋은 콘텐츠가 있는 곳에 사람들이 모여들고, 사람들이 머물면 커뮤니티가 만들어지고, 커뮤니티가 활성화되면 커머스가 일어나는 법이다. 시장market의 원리도 이것이다. 좋은 상품이 있으면 구매자들이 찾아오고 상거래가 일어나고, 거래를 통해 이득을 보는 사람들이 늘어날수록 시장은 커진다. 선순환 사이클이 만들어지는 원리다.

무엇이건 새로운 기기나 플랫폼이 활성화되려면 킬러 콘텐츠가 필요했다. 1980년대 PC가 처음 보급되기 시작했을 때는 일반인들이 PC를 가지고 할 수 있는 일이 별로 없었다. 명령어를 입력해야 하는 불편함도 있었지만, 애플리케이션이 없었기 때문이다. 타자기 대신 워드프로세서를 사용하거나 게임이 고작이었다. 1990년대 들어 마이크로소프트의 윈도나 스프레드시트와 같은 애플리케이션이 나오면서 PC 시장은 폭풍 성장했다. 콘텐츠는 플랫폼 성장을 폭발시키는 부스터다.

또 1990년대 초, 인터넷은 소수 PC통신 마니아들만의 관심사였다. 콘텐츠가 부족했기 때문이다. 포털 사이트들이 나오고 수많은 웹사이트들이 만들어지면서 웹web은 지구인들의 놀이터와 일터가 되었고, 2.0 그리고 3.0으로 진화한 것이 메타버스다.

스마트폰 시장 역시 앱 스토어 이전에는 꽁꽁 닫혀 있었다. 비싼 스마트폰 사 봐야 할 수 있는 일들이 별로 없었기 때문이다. 애플의 혁신은 아이폰의 기능이나 디자인이 아니라 앱 스토어에 쌓여 있는 콘텐츠였고, 아이폰이 자신의 라이프스타일을 바꿔 놨다는 소비자들의 간증이 나오게 된 것도 콘텐츠의 힘 때문이다.

#### 콘텐츠 유형 1 : 사용자제작게임

이제 누가 매력적인 메타버스 콘텐츠 생태계를 만드느냐의 게임이 시작됐다. 크게 세 갈래 방향에서 진입하고 있다. 첫째는 사용자제작게임user created game을 무기로 하는 진영인데, 여기에는 로블록스, 마인크래프트, 동물의 숲, 엑시인피니티 등이 있다.

'마인크래프트Minecraft'는 2014년 마이크로소프트가 약 3조 원에 인수한 샌드박스 방식의 비디오게임이고, 2020년 닌텐도가 제작 발매한 '모여 봐요 동물의 숲Animal Crossing : New Horizons'은 무인도에 초기 주민 둘과 함께 이주해 섬을 개척해 나가는 방식으로 채집, 장식, 제작 등을 하며 교감하는 힐링 게임이다.

현재로선 이들이 유리한 위치에 있긴 하지만 게임은 게임회사만 개발할 수 있는 게 아니다. 게임 개념의 프레임을 좀 바꿔서 본다면 누구에게나 기회는 열려 있다. 통상 부수고 슈팅하는 식의 비디오게임을 연상하지만, 사실 인류의 문화나 법 제도, 경제시스템 등은 게임의 원리에 따라 만들어졌다.

예를 들어, 동물의 숲에는 무를 매입해 추후 판매하는 게임이 있다. 무 가격은 하루에 두 번 바뀌는데, 쌀 때 구입해서 비쌀 때 판매하면 큰돈을 벌 수도 있다. 코인이나 주식 투자의 원리를 접목한 것인데, 무트코인무+비트코인 혹은 무주식이라고 불린다.

투자나 비즈니스, 마케팅도 게임이다. 노벨 경제학상의 단골 주제가 게임이론game theory인 이유도 여기에 있다. 게임을 비디오게임 등 좁은 의미가 아니라 광의로 정의해야 한다. 문화인류학자 요한 호이징거가 설파한 놀이하는 인류, 호모 루덴스homo ludens가 그런 사상이다. 인간의 본능은 유희이고, 놀이는 사회와 문화의 원형archetype이다.

사람들이 재미없는 일을 오래 하지 못하는 건 인류의 DNA에 '놀이'가 들어 있기 때문이다. 또 일방적으로보다는 참여해서 함께 게임을 만들어감으로써 자신의 유전자를 남기려는 본능을 가지고 있다. 그러므로 유저들에게 자유를 부여해야 한다. 디자인된designed 게임에서 자유free 게임으로 패러다임이 넘어가고 있다.

기업이 칼자루를 쥐지 말고 유저들에게 넘겨주어야 한다. 스스로

〈자료 3-8 : 웹2.0과 웹3.0의 비교〉

만들고, 개발하고 수정도 할 수 있어야 유저들이 플랫폼에 머물면서 즐긴다. 또 집단지성도 발현되어 플랫폼이 커지게 된다. '자유도'는 메타버스에서 매우 핵심적인 작동 원리임을 명심해야 한다. 웹2.0의 특성이 개방, 공유, 참여였다면 웹3.0은 융합, 자유, 경제수익 창출이다. 즉, 웹3.0 메타버스에서는 모든 유저들이 자유로운 융합을 통해 수익을 창출할 수 있는 멍석을 깔아 주어야 한다는 뜻이다.

게임만큼 강력한 콘텐츠는 없고, 게임은 어느 시대나 킬러 콘텐츠였다. 어느 메타버스 플랫폼이건 밑바닥에는 게임의 원리가 깔려 있어야 한다. 게임만 만들라는 것이 아니라 어떤 콘텐츠건 재미, 참여, 상호작용, 보상 등의 요소가 있어야 한다는 얘기다.

## 돈 버는 NFT 게임

게임의 또 한 가지 트렌드는 게임하면서 오히려 돈을 버는, 이른바 P2Eplay to Earn이다. 원조는 2017년 말 등장한 크립토키티CryptoKitties.

가상의 고양이를 사서 육성하고, 서로 다른 종을 교배해서 후손도 만드는 것으로 다마고치류의 펫 육성게임이라 새로울 건 없었지만, 유저들이 몰려든 건 게임으로 돈을 벌 수 있기 때문이었다.

게임의 룰은 아주 간단하다. 일단 시작할 때 고양이를 한 마리 산다. 그리고 다른 고양이와 교배시켜 후손을 만들어 낸다. 이렇게 만들어진 고양이들을 사고판다. 이때 256비트의 DNA코드가 섞여 있어서 어떤 모습의 고양이가 태어날지는 랜덤이고, 게임 속 고양이는 모두 다르다. 당연히 값도 달라진다. 그렇게 교배와 판매를 반복해서 돈을 버는 방식이다.

이렇게 태어난 고양이는 NFT대체불가토큰로 만들어지는데, 실제 많은 거래가 일어나면서 큰돈을 버는 사례들이 속출했고, 가장 비싸게 판매된 '드래곤Dragon'이라는 가상 고양이의 가격은 600ETH, —이 책을 쓰는 시점 가격으로 환산하면— 약 30억 원이다. 실체도 없는 디지털 파일이 30억이라니? '게임'하면 돈 쓰는 것이지 돈 버는 수단이라는 관념이 없던 당시, 크립토키티는 돌풍을 일으켰고 유저들이 몰려들면서 이더리움 블록체인의 존재를 세간에 널리 알린 킬러 앱이었다. 또 NFT의 개념을 알린 트리거였고, P2E 게임의 조상이기도 하다.

수많은 아류작들이 범람하면서 거품이 걷히고 사그라들었지만, 크립토키티의 DNA는 엑시인피니티, 메타워즈 등등 P2E 게임들로 유전되었고, 기존 게임사들도 NFT 게임으로 전환하는 추세에 있다. 엑시인피니티는 '엑시'라고 불리는 NFT 캐릭터를 거래 및 교배, 재

**〈자료 3-9 : 크립토키티에서 가장 비싼 가격으로 판매된 '드래곤'〉**

판매하는 블록체인 기반의 게임인데, 돈 버는 게임으로 유명세를 타면서 필리핀에서는 게임에 전념하려고 아예 다니던 회사를 그만두는 사람이 늘고 있다고 한다. 월급보다 엑시 키워서 버는 수입이 더 많으니까.

이상하지 않은가? 왜 돈 들여 개발한 게임을 판매하지 않고 오히려 플레이어에게 돈을 주는 것일까? 그 돈은 어디서 나오며, 게임개발사는 어떻게 수익을 창출하는 것인가?

그러나 블록체인 생태계에서는 전혀 이상한 일이 아니다. SNS 플랫폼과 비교를 해 보자. 페이스북과 같은 SNS 플랫폼들의 가치가 높아진 건 유저user 덕분이다. 유저들이 글과 사진, 동영상을 올리고 '좋아요' 누르고 퍼 나르면서 네트워크 효과network effect가 생겼고, 플랫폼 가치가 상승했다. 그런데 그 가치를 누가 누리고 있나? 주주들이다.

불합리하지 않은가? 블록체인은 모순과 비대칭을 해소하는 알고리즘이며, 1%가 독점하던 이익과 가치를 99%가 공유하자는 게 블록체인의 정신이다. 즉, 모두가 각자의 역할을 가지고 참여해서 함께 판을 키우고, 커진 파이를 공평하게 나누자는 것이다. 블록체인의 유전자를 물려받은 메타버스 플랫폼에서 게임하면서 돈 버는 원리도 여기서 발원한다.

블록체인은 게임의 형태를 바꾸고 있다. 기존 게임이 이기는 것P2W : Play to Win이었다면, 이젠 게임하면서 돈도 버는 방식P2E : Play to Earn으로 달라지고 있다. 게임개발사마다 P2E 게임으로 영역을 확장하는 추세도 이런 맥락에서 나오는 것이다.

### 콘텐츠 유형 2 : 엔터테인먼트 콘텐츠

왕좌에 다가가는 두 번째 진영은 음악, 웹툰이나 웹소설, 드라마나 영화 등의 엔터테인먼트 콘텐츠를 무기로 삼는다. 앞서 언급한 제페토에는 많은 엔터테인먼트 콘텐츠들이 만들어지고 있고, BTS 소속사 하이브前 빅히트의 팬 커뮤니티 플랫폼으로 시작한 위버스Weverse는 K팝 가수와 팬이 SNS 형식으로 소통하는 메타버스를 지향하고 있다. SM엔터테인먼트의 SMCU도 이런 맥락이다.

포트나이트Fortnite 개발 운영사인 에픽게임즈는 게임 콘텐츠에서 시작한 회사지만 드라마와 영화, 엔터테인먼트 콘텐츠로 영역을 넓히는 행보에 나섰다. 2020년 4월 포트나이트의 3D 소셜 공간인 파티 로얄에서 열린 힙합 가수 트래비스 스캇의 공연은 큰 반향을 일으킨 사건이었다. 1230만 명이 동시에 몰렸고, 45분 공연에 약 220억 원의 수익을 올렸다. 오프라인 공연으로는 상상할 수 없는 규모다. 또 BTS의 '다이너마이트' 뮤직비디오도 여기서 최초공개됐다.

에픽게임즈가 이처럼 배틀 로얄Battle Royale과 별도로 '파티 로얄Party Royale'이라는 새로운 공간을 만든 건 유저들의 자유도를 높이기 위함이다. 포트나이트에서 게임개발자들이 만든 게임만 할 게 아니라 쉬기도 하고 다른 유저들과 어울려 놀 수 있는 소셜 공간을 제공했는데, 거기서는 유저들이 자신만의 방식으로 힐링하거나 즐길 수 있다. 파티 로얄은 포트나이트를 게임플랫폼에서 메타버스로 한 단계 승격시킨 자유 공간이다.

반면 포트나이트와 대척점에 있는 회사는 넷플릭스Netflix다. 창업자 리드 헤이스팅스 CEO는 넷플릭스의 경쟁은 디즈니가 아니라 포트나이트라면서 게임회사들을 인수해 게임 콘텐츠 확보에 나서고 있다. 비즈니스 생태계가 메타버스로 변하고 있는 상황에서 OTT 영역에만 머물러 있을 수 없기 때문이다. 내가 극장 로얄석에 앉아서 3D 영화를 보고 공연장 1열에서 BTS의 얼굴을 마주하며 즐긴다고 상상해 보라.

이미 사업영역을 구분하는 울타리는 무너졌고, OTT 플랫폼들은 텐센트가 최대주주인 에픽게임즈와 일전을 치를 수밖에 없게 되었다. 또 아직은 수면 아래 있지만, 엔터테인먼트 콘텐츠를 보유하고 있는 기업들은 모두 메타버스로 가는 길에 올라탈 것이다. 메타버스는 선택이 아니라 필수기 때문이다.

**콘텐츠 유형 3 : 공간 개발**

세 번째 진영은 공간 창조를 콘텐츠로 하는 플랫폼들이다. 이들은 봉이 김선달 같은 일을 기획하고 있다. 어스2Earth Two는 지구를 1:1 매핑한 디지털 트윈을 만들고 땅과 건물을 분양한다. 물리적 현실세계에 땅 주인이 엄연히 있건만 어스2에서의 주인은 다른 사람이다. 여기서는 건물주가 될 수 있고 부동산 개발업자로 사업할 수도 있다. 물론 정부가 보증하는 등기부 등본은 없지만, 블록체인 노드들이 NFT로 보증해 준다.

또 디센트럴랜드는 이더리움 블록체인 기반의 가상 플랫폼인데, 사용자가 토지를 구매하고 건물을 세우거나, 토지를 재판매해서 이윤을 남기는 등 다양한 활동을 할 수 있다. 디즈니랜드 같은 테마파크를 건설하거나, 협업공간을 만들어 사무실 임대업에 나설 수도 있다. 이렇게 아바타를 통해 메타버스 속 세계를 탐험하면서 자유롭게 직접 자신의 공간을 만드는 플랫폼이다.

어스2나 디센트럴랜드 이야기가 어처구니없어 보인다면 달나라 대사관은 어떤가? 메타버스와는 결이 다르지만, 루나 엠버시Lunar Embassy 이야기다. 달 토지를 분양했었는데, 이건 가상의 달이 아니라 진짜 달이다. 우스워 보이겠지만 대박 났다. 구입자가 전 세계에 600만 명이 넘는다. 이미 2000년대 중반부터 달 토지 분양이 시작됐는데, 이런 보도기사가 있었다.

"달을 분양받은 사람들 중에는 조지 부시, 로널드 레이건, 지미 카터부터 톰 크루즈, 톰 행크스, 스티븐 스필버그 등이 있으며, 달은 전 세계 194개국에 분양됐다. 우리나라 유명인들도 달을 분양 받으며 전 세계에서 무려 570만 여명이 달 토지를 샀다."

**– 비즈엔터, 2019.12.15.**

가 볼 수는 없지만, 눈으로만 보고 땅을 분양받다니! 더구나 루나 엠버시는 공식적인 정부 기관도 아니다. "세상에 이런 일이" 벌어지고 있다. 메타버스에 대한 호모 사피엔스의 집단무의식이 작동하고 있는 것이다.

마케팅은 고객의 니즈를 파악해서 충족하는 경영행위가 아니다. 그건 반쪽짜리 정의다. 마케팅의 본질은 집단무의식을 통찰해서 그걸 끄집어내는 것이다. 고객의 페르소나 뒤에 숨어 있는 진짜 얼굴, 거기에 메타버스가 있다.

### 커뮤니티는 플랫폼의 바퀴다

콘텐츠에 이어 메타버스 플랫폼이 갖추어야 할 3C의 두 번째 요건은 커뮤니티Community다. 콘텐츠가 메타버스 플랫폼의 엔진이라면 커뮤니티는 플랫폼을 받쳐 주는 바퀴에 비유할 수 있다. 커뮤니티 없이는 플랫폼이 굴러가지 못한다.

커뮤니티는 모임, 집단, 공동체 등으로 번역할 수 있는데, 사전적으로 '사회집단의 특성을 많이 갖고 있지만, 훨씬 규모가 작고 그들의 공통적 관심이 비교적 밀착되어 있는 하위집단'이라고 정의할 수 있다. 즉, 인종이나 종교, 또는 개인적 관심사나 라이프스타일, 감정과 태도 등을 기준으로 소그룹화된 것이다.

가상의 커뮤니티가 만들어진 것은 1990년대 인터넷 덕분이다. 전 세계가 연결되면서 누구와도 국경과 시공간을 뛰어넘어 실시간으로 커뮤니케이션할 수 있는 인프라가 형성되었고, 이는 카페, 동호회, 그리고 SNS 등과 같은 커뮤니티가 만들어지면서 활성화되는 결과로 이어졌다.

그렇다면, 이전에는 커뮤니티가 없었는가? 아니, 있었다. 커뮤니티는 인간의 본능이다. 사람들은 누구나 소속감 욕구belongingness needs를 갖고 있고, 생각과 감정을 공유하고 커뮤니케이션하고자 하는 것은 본능이다. 인류 역사 이래 커뮤니티는 여러 형태로 이어져 왔다. 즉, 씨족, 부족, 가족 등이 그것이다. 그리고 국가는 근대 들어 만들어진 민족 커뮤니티다.

그런데, '국가'가 실패하면서 패러다임도 흔들리고 있다. 막스 베버는 근대국가의 속성은 '폭력'에 있다면서 국가를 "정당한 물리적 폭력 행사의 독점을 실효적으로 요구하는 인간 공동체"라고 정의했다. 한 마디로 국가는 폭력적이고 권위적이고 중앙집중적이라는 말이다.

메타버스가 꿈꾸는 나라는 다르다. 탈중앙화되어 있고, 권력을 독점한 1%가 끌고 가는 것이 아니라 99% 피어들이 함께 만들어 가는 커뮤니티다. 관심사에 따라, 라이프스타일에 따라 커뮤니티가 형성되고, 물리적 국경은 허물어진다. 이것이 국가나 정치에 염증을 느끼는 젊은 세대들의 심층에 깔려 있는 집단무의식이다.

### 메타와 애플의 야심

메타버스 왕좌를 노리는 자들의 야심은 국가를 대체하겠다는 것이다. 2003년 미국 린든랩이 만들었던 세컨드라이프Second Life도 국가를 가상현실로 옮기려는 시도였다. 창업자 필립 로즈데일은 "우리는 게임을 만드는 것이 아니라, 새로운 나라country를 건설하고 있다."라는 말로 비전을 설명했다.

30억의 인구 최강국 메타前 페이스북가 메타버스를 향하는 이유도 이런 맥락이다. 페이스북은 2018년부터 블록체인 프로젝트인 '리브라Libra'를 추진했지만, 미국 정부의 강한 반대에 부딪혔다. 왜 반대하나? 리브라는 페이스북 플랫폼에서 통용되는 화폐이기 때문이다. 이건 화폐발행권을 쥐고 있는 국가라는 체제를 근본부터 뒤흔드는 일이다. 페이스북 플랫폼에서 리브라는 자유롭게 국경을 넘나들 수 있고, 개별국가들의 통제권을 벗어난다. 리브라 프로젝트에 놀란 중국이 CBDCCentral Bank Digital Currency를 서둘러 도입한 이유도 리브라에 대비해 만리장성을 쌓아야 했기 때문이다.

페이스북은 2019년 메타버스 플랫폼 '호라이즌Horizon' 베타 버전을 발표했다. 평면적인 페이스북, 왓츠앱, 인스타그램 등의 SNS 플랫폼을 3D 메타버스로 업그레이드하고, 그 안의 콘텐츠도 보강해서 새

diem

**〈자료 3-10 : 디엠과 노비〉**

새로운 세계의 조물주가 되려면 기술과 콘텐츠만으로 되는 것이 아니다. 반드시 경제생태계가 백업되어야 한다. 즉 사용자들이 경제활동을 영위할 수 있는 코인 이코노미(coin economy)가 필수적이다. 페이스북이 2019년 리브라(Libra) 프로젝트를 발표한 이유가 거기에 있다.
리브라는 법정화폐의 가치와 연동되는 스테이블 코인으로 기획되었는데, 한때 리브라 연합에는 비자, 마스터카드, 페이팔, 스포티파이, 우버, 이베이 등이 참가할 만큼 호응을 얻었지만, 미국 정부와 의회의 견제 속에 2021년 디엠(Diem)으로 개명해서 재도약을 준비하고 있다. 또 2021년에 전자지갑 '노비(novi)'도 출시했다.

로운 월드를 구축하겠다는 계획이다.

메타는 출전 채비를 차렸다. 리브라 프로젝트는 2021년 '디엠Diem'으로 개명해서 재추진하고 있고, AR 선글라스와 VR 디바이스 오큘러스 퀘스트를 출시했다. 만일 30억의 기존 사용자들이 호라이즌으로 이주한다면 메타는 국경 없는 세계최대의 커뮤니티가 될 수 있다. 메타의 야심은 글로벌국가다.

커뮤니티 결속력에 있어서는 애플의 팬덤 파워를 따라올 회사가 없다. 팬덤은 광신자를 뜻하는 'fanatic'과 영지를 뜻하는 'dom'이 합쳐진 조어로서, 직역하자면 광신자들의 영지領地인 셈이다. 이들을 뒤에 업고 있는 애플의 권력은 국가 권력과도 충돌하고 있다.

2016년 애플과 미국 법원이 한판 붙은 사건이 발생한 적이 있었다. 사건의 경위는 미연방수사국FBI이 캘리포니아 주에서 발생한 총기 난사 사건을 조사하는 과정에서 범인들이 가지고 있었던 아이폰의 비밀번호를 풀지 못해 수사에 난항을 겪으니 애플에게 그것을 풀어 달라고 요청했는데, 애플이 고객의 개인정보보호라는 기업 철학을 명분으로 이를 거절한 것이다. 그래서 FBI는 법원에 탄원했고, 법원은 애플에게 풀어 주라고 명령했지만, 애플은 일언지하에 무시해 버렸다.

흥미로운 일은 구글, 페이스북, 마이크로소프트 등도 애플 편을 들었다는 점이다. 또 2021년 트위터twitter도 당시 트럼프 대통령의 계정을 영구정지시켜 버리지 않았던가? 10-20년 전만 하더라도 이는 있을 수 없는 일이었다. 일개 기업이 국가 권력에 대항하다니?

그러나 디지털과 인터넷은 세상의 권력지형도 바꿔 놓았다. 애플, 구글, 마이크로소프트, 메타, 아마존 등은 더 이상 미국이라는 물리적 국경 내에 존재하는 로컬기업이 아니다. 메타버스는 천상계다.

### 커머스는 플랫폼의 연료다

커뮤니티라는 강력한 무기를 가지고 있는 플랫폼들은 메타버스행 출사표를 던졌다. 그러나 전쟁에서 이겨서 무력으로 영토만 넓힌다고 해서 나라가 운영될 수 있는 것이 아니다. 새로운 나라를 건설하고 유지하려면 무엇이 필요할까? 법이나 제도의 정비는 기본이고, 사람들이 편하게 지낼 수 있도록 도로나 상하수도 시설 등과 같은 사회 기간시설도 만들어야 하고, 문화도 발달시켜 사람들의 정신적인 욕구도 충족시켜 주어야 한다.

그러나 뭐니뭐니 해도 가장 중요한 건 경제다. 아무리 법 제도가 잘 정비되어 있고 정의가 살아 있고 문화적으로 우수하다 해도 못 사는 나라에는 사람들이 가려 하지 않을 것이다. 그러므로 메타버스 플랫폼이 성공하려면 유저들이 잘 살 수 있게 해 줘야 한다. 일자리를 늘려야 하고, 화폐시스템을 안정화시켜 자유롭게 경제활동을 하면서 수익을 창출하는 구조를 만들어야 하는 것이다. 그것이 세 번째 요건인 커머스commerce다.

앞에서 콘텐츠를 플랫폼의 엔진에, 커뮤니티를 바퀴에 비유했다면 커머스는 연료라 할 수 있다. 즉, 경제적 동물인 사피엔스를 움직이게 만드는 동인이 커머스다. 아무리 엔진과 바퀴가 좋다고 하더라도 연료가 공급되지 않으면 차는 굴러가지 않는다.

이걸 잘 구현한 회사가 구글이었다. 구글의 애드센스는 블로거들에게 큰 수익을 안겨 주었고, 자발적으로 유튜브에 영상을 찍어 올리게 만들었다. 구글은 커머스 측면에서 메타버스행의 유리한 고지를 점하고 있다.

구글의 애드센스와 애플의 앱 스토어는 커머스를 통해 세계최고 기업으로 퀀텀점프한 좋은 사례다. 단지 상품을 잘 만들어 잘 파는 비즈 모델이 아니라 소비자들을 생산자로 참여시켜 경제적 이익을 얻게 해 줌으로써 동반 성장한 것이다.

구글과 애플은 후발주자들에게 커머스가 플랫폼의 핵심 아이템임을 인식시켜 주었다. 로블록스는 사용자들을 게임개발자로, 제페토는 디자이너나 PD로, 디센트럴랜드는 부동산 개발업자로 취직시켜 준다. 또 메타는 '오큘러스 스토어'를 구축해 VR 콘텐츠 개발자들에게 돈을 벌 수 있는 구조를 만들었다. 과거 애플이 스마트폰을 런칭할 때 앱 스토어를 만들어 놓았던 역사에서 교훈을 얻은 것이다.

이처럼 메타버스는 창업천국이기도 하다. 메타버스 안에 스타트업들이 생겨나고 있는데, 이들이 일하는 방식과 거버넌스는 현실세계 회사들과는 다르다.

일자리와 함께 중요한 또 한 가지는 화폐시스템이다. 웹3.0 메타버스 플랫폼들은 자체적으로 가상화폐 시스템을 갖추고 있다. 로블록스에는 로벅스LOBUX, 제페토에는 젬ZEM, 엑시인피니티에는 엑시EXI, 더샌드박스에는 ASSETS, SAND, LAND라는 세 가지 유형의 코인이 있다. 메타가 디엠DIEM 프로젝트를 추진하는 것이 이런 맥락이다.

이들은 대개 발행량, 용처, 교환비율 등의 코인 이코노미를 갖춰 놓았다. 코인 이코노미coin economy란 국가에 비유하자면 금융정책이라 할 수 있다. 금융정책에 따라 인플레이션이나 경기 변동이 생기고, 자국 화폐가치의 등락이 발생하듯이, 코인 이코노미는 메타버스 플랫폼의 운명을 좌우할 수도 있는 매우 크리티컬한 문제다. 잘 짜진 코인 이코노미가 플랫폼의 성패를 좌우한다.

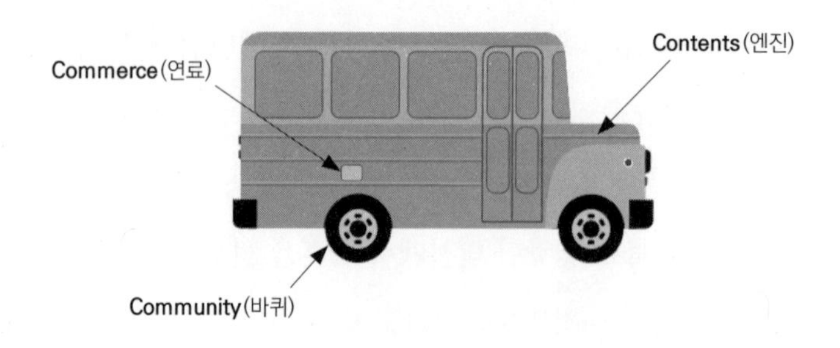


**〈자료 3-11 : 메타버스 플랫폼이 갖추어야 할 3C〉**

## 메타버스의 경제규모

총성은 울렸다. 메타버스 왕좌의 게임에 참여하는 플레이어들은 3C를 구축하기에 분주하다. 플랫폼은 엔진인 콘텐츠, 바퀴인 커뮤니티, 연료인 커머스가 있어야 작동한다. 이 3C는 삼위일체의 관계이고, 서로 연관되어 있으며 융합되어 선순환 사이클을 만들어 낸다.

메타버스 생태계가 성장해 가고 있다. 메타버스가 창출할 경제적 가치를 수천조 원으로 추정하기도 하지만 그건 현시점에서의 추측일 뿐이다. 현실세계와 메타버스의 융합이 일어나면 규모는 상상을 초월하게 커질 수 있다. 아니, 경제시스템 자체가 메타버스로 이동하여 가치는 메타버스에서 창출되고, 현실세계에서는 프린트만 하게 되는 상황이 올 수도 있다.

이 과정에서 생각지 못한 많은 비즈니스가 파생될 것이고, 새로운 기회가 나올 것이다. 메타버스는 나와는 거리가 먼 대기업이나 플랫폼 기업들만의 게임으로 치부되어서는 안 된다. 개인이나 중소기업에게도 예기치 못한 기회가 올 수 있다. 글로벌 플랫폼들도 시작은 개인이지 않았던가?

베데스다 연못에는 가끔 천사가 내려와 물을 휘젓는데, 바로 그 타이밍에 들어가야 병이 나을 수 있다고 한다. 지금이 카이로스다.

# 9장. 디지털 자산보증서, NFT

## 대체불가의 개념

여기 세종대왕이 그려진 만 원짜리 지폐가 있다. 이 지폐를 들고 은행에 가서 새 지폐로 바꿔 달라 하면 바꿔 준다. 또 7,000원짜리 식사를 하고 이 지폐를 내면 3,000원을 거슬러 준다. 이 지폐는 대체 가능한 것이고, 그렇기에 널리 통용될 수 있다.

이번에는 세종대왕 자리에 내 얼굴을 그려 넣었다고 가정해 보자. 또는 지폐 위에 내 이름을 새겨 넣었다면? 어디에서도 이건 다른 10,000원권과 교환해 주지 않고 화폐로 인정해 주지도 않는다. 왜? 훼손되었기 때문에. 이렇게 생긴 지폐는 이 세상에 단 하나밖에 없고, 대체불가non fungible하다.

이처럼 '대체불가'란 유일하다, 독특하다, 또는 고유성이 있다는 의미로 무언가에 스탬프나 인증마크를 찍어 희소가치를 부여한 것이다. 사실 '대체불가'도 이미 오래전부터 있던 개념이다. 예를 들어, 올림픽 기념우표, 유명인사의 사진이나 사인이 담긴 기념주화 등이 대체불가 자산이다. 이런 우표나 기념주화 등으로는 식당 가서 밥 먹거나 백화점에서 쇼핑할 수 없지만 수집하는 컬렉터도 많았고, 시간이 지나면 높은 가격이 형성되기도 한다. 사람들이 자산 가치를 인정한다는 증거다.

또 예술품도 대체불가 자산이다. 피카소의 그림은 세상에 유일하다. 작가의 사인이나 낙관이 찍힌 예술품이 높은 가격에 거래되는 것은 자산으로서의 가치가 있기 때문이다. 이 같은 것들은 아날로그 대체불가 자산이라 할 수 있겠다.

### 토큰 vs 대체불가토큰

그럼 토큰token은 무엇인가? 토큰도 디지털시대에 와서 갑자기 생긴 개념이 아니다. 아날로그 시절에도 있었다. 지금은 티머니나 선불카드 등 디지털 방식으로 바뀌었지만, 버스 토큰이란 게 있었다. 버스 요금을 돈 대신 내는 것인데, 이건 버스 탈 때만 사용할 수 있지 다른 용도로는 못 쓴다. 이처럼 토큰은 특정 용도에 사용할 수 있는 권리증을 의미하는 것으로 유가증권의 일종이다.

대체불가토큰NFT이란 용어가 쓰인 건 블록체인 프로젝트들이 나온 이후부터인데, 코인이나 토큰에 타임스탬프timestamp를 꽝 찍어 소유권을 인정하는 디지털 자산보증서다. 정확한 명칭은 '디지털 자산의 NFT'라 할 수 있겠으나, 그냥 NFT라 부른다.

토큰과 대체불가토큰은 다른 차원의 개념이다. 토큰은 특정 플랫폼 안에서 통용되는 화폐이고, NFT는 특정 자산의 소유권을 인정받는 유가증권이다. 둘 다 자산이긴 하나, 혼동하지 말아야 할 점은 NFT는 화폐가 아니라는 사실이다.

비유를 들어 보자. 세종대왕이 그려진 지폐는 대한민국 국경 내에서 통용되는 '토큰'이고, 삼성전자 주식이나 증권은 'NFT'라 할 수 있다. 삼성 주식을 갖고 편의점에 가서 라면을 살 수 없다. 통용되는 화폐가 아니기 때문이다. 주식은 지분 소유를 인정하는 증서일 뿐이고, 증권거래소에 가야 다른 자산으로 교환할 수 있다. 다시 말해, NFT는 화폐가 아니라 증권이다.

### NFT의 등장 배경

그럼 NFT는 왜 필요할까? 이런 상황을 생각해 보자. 제페토에서는 젬ZEM이라는 가상화폐를 사용하고, 싸이월드Z에는 도토리가 있다. 젬과 도토리는 각각 자체 플랫폼에서만 사용할 수 있는 토큰이다. 한 사용자가 제페토에서 옷을 하나 구입했다. 그런데 이 옷을 싸이월드Z에 있는 내 아바타에게 입힐 수는 없을까?

또 사용자들은 리니지 게임에서 구입한 멋진 집행검을 다른 게임 플랫폼으로 옮겨 가서 쓰길 원한다. 그건 자신이 비싼 돈 주고 산 개

**〈자료 3-12 : 메타버스 플랫폼 간의 NFT 제휴 사례〉**

더샌드박스와 제페토는 아이템 이동에 대해 파트너십을 맺었고, 플레이댑은 로블록스 안에 타운을 개설해서 외부아이템을 사용할 수 있게 하는 등의 제휴 노력을 하고 있다.

인재산이기 때문이다. 만일 게임사가 망해도 개인재산은 보전될 수 없을까? 또는 엑시인피니티에서 키우던 엑시를 다른 게임으로 가져가서 키울 수는 없을까?

할 수 있다. 단 먼저 소유권을 인정받아야 한다. 제페토에서 구입한 옷에 대한 소유권은 네이버제트가 보증해 준다. 그러나 싸이월드Z는 다른 회사다. 그러므로 수많은 게임플랫폼을 넘나들며 자신의 디지털 자산을 자유롭게 이동시키려면 특정 플랫폼에 한정되지 않고, 전체 메타버스 생태계에서 초월적으로 소유권을 보증 받을 수 있어야 한다.

그렇지만 문제는, 메타버스 생태계에는 사유재산의 소유권을 인정해 주는 그 어떤 중앙기관도 존재하지 않는다는 점이다. 메타버스는 인터넷이 만든 웹 생태계의 구조와 동일하다. 인터넷은 누군가 중심에서 관리하는 주체가 없는 탈중앙화된decentralized 구조다. 또 중앙

서버 역할을 하는 슈퍼컴퓨터도 존재하지 않는다. 개인도 서버가 될 수 있고 누구나 클라이언트가 되어 정보를 주고받으면서 자율적으로autonomous 작동되는 DAO다.

탈중앙화와 자율성이라는 웹의 유전자를 물려받은 웹3.0 메타버스에서 누군가가 나서서 개인 디지털 자산의 소유권을 보증해 주는 건 불가능하다. 더구나 메타버스는 글로벌 생태계여서 한 국가 정부나 권력기관이 보증해 줄 수도 없다. 그래서 등장한 개념이 NFT다.

요약하자면, 도토리나 젬은 토큰이고, NFT는 토큰이 통용되는 플랫폼과는 무관한 초월적 토큰이다. 앞서 비유를 든 원화는 일종의 토큰으로서 대한민국 국경 플랫폼 안에서만 통용되지만, 삼성전자 주식은 국가와는 무관하게 어디서나 자산 가치를 인정받는 NFT다.

NFT는 고유의 식별정보를 부여하는 데이터를 담아 소유권을 인정해 주는 디지털 증서라고 정의할 수 있고, 유가증권처럼 자산 가치를 갖는다.

그렇게 되면 NFT를 통해 내 아바타와 아이템 등 디지털 자산의 자유로운 이동이 가능해진다. 제페토에서 싸이월드Z로, 로블록스로, 디센트럴랜드나 더샌드박스 등으로 말이다. 플랫폼 간 울타리가 허물어지면서 메타버스가 하나의 세상으로 통합되고 확장되는 현상은 세계가 새로운 경제시스템 차원으로 진입하고 있음을 방증한다.

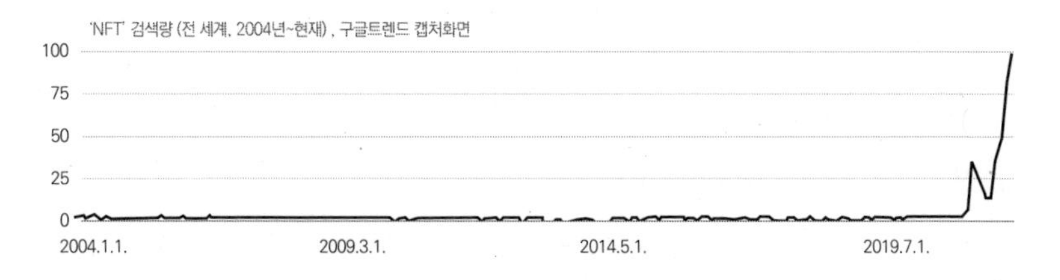


〈자료 3-13 : 'NFT' 검색트렌드〉

### 디지털자산의 소유권 보증이 어려운 이유

NFT는 최근에 만들어진 신조어다. 구글 트렌드에서 'NFT'의 검색량을 조회해 보면 흥미로운 사실을 알 수 있는데, 'metaverse' 검색량 추이와 거의 일치한다는 점이다. 〈자료 3-13〉에서 보듯 2021년 들어 급상승했다.

용어가 최근에 생긴 것이지 개념은 이전부터 형성돼 왔다. 디지털 자산의 소유권 문제는 오랜 숙제였다. 디지털의 속성 때문이다. 1990년대 인터넷이 확산되면서 디지털 상품이라는 장르가 생겨났다. 디지털 상품이란 0과 1의 비트bit로 만들어진 상품이다. 가장 쉽게 0과 1로 전환할 수 있는 것은 텍스트, 음원, 이미지, 영상 등이었다.

그런데 문제는 디지털의 속성은 변형, 복제, 확산이 매우 용이하다는 점에서 발생한다. 또 원본과 복사본을 구분할 수 없다. 원자atom가 최소단위인 아날로그 상품은 복사하면 물리적으로 티가 나기 때문에 원본과 사본, 진품과 짝퉁을 구분할 수 있지만, 디지털 상품은 그게 불가능해 오리지널 소유권을 인정받기도 어렵다.

또 아날로그 세계에서는 소유권이나 저작권 등을 담보해 주는 기관이 존재한다. 지적 재산권은 저작권협회에 등록되어 있고 분쟁이 생기면 저작권 위원회 등에서 조정해 준다. 또 자동차를 사면 자동차 등록증을 발급해 주고 부동산의 소유권은 등기소에 등록되어 있다. 그러나 국경을 초월한 메타버스와 같은 디지털 세계에서는 관련 제도나 법규가 없고 자율적으로 이 문제를 해결해야 하는 것이다.

그런데, 디지털의 속성이 화폐에 적용되면 문제는 더 심각해진다. 화폐가 신뢰를 잃으면 경제가 무너지기 때문이다. 그래서 위조지폐는 반드시 잡아내야 한다. 그러나 Ctrl+C, Ctrl+V만 누르면 복제되는 디지털화폐는 진짜와 위조품을 구분할 수 없다. 그래서 '이중 지불의 문제double spending problem'가 발생한다. 비트코인 이전부터 시도되어 왔던 수많은 암호화폐 프로젝트들이 애를 먹었던 장애물이 이중 지불의 문제였다.

### 이중 지불의 문제를 해결한 블록체인

이중 지불 문제란 무엇인가? 디지털화폐는 디지털 문서와 마찬가지로 단지 컴퓨터에 존재하는 파일이다. 우리가 누군가에게 문서를 이메일로 보낼 때 문서 파일을 첨부해서 보내도 원본은 내 컴퓨터에 그대로 남는다. 더구나 디지털 세상에는 원본과 복사본의 구분조차 없다.

디지털화폐를 송금할 때 이건 큰 문제다. 친구에게 디지털화폐를 보내도 내 컴퓨터에서 사라지지 않고 그대로 남게 된다면 다른 사람에게도 또 보낼 수 있기 때문이다. 이중, 삼중으로 지불이 된다면 금융시스템은 존재할 수 없다.

이런 한계 때문에 인터넷은 정보의 이동을 가능하게 만들었지만, 가치의 이동은 불가능했다. 즉, 돈이나 부동산 권리, 지적 재산권 등과 같은 자산은 보낼 수 없는 것이었다. 이것은 컴퓨팅 업계의 오랜 숙제였다. 사람들이 오프라인 공간에서 직접 만나 면대면face-to-face 방식으로 처리하는 것과는 달리 온라인상에서 P2P를 구현하려면 '이중 지불'이라는 난제를 해결해야만 한다. 사토시 나카모토도 비트코인을 설계하면서 이 문제를 고민했다. 그는 비트코인 논문에 이렇게 적었다.

> "We propose a solution to the double spending problem using a peer-to-peer network."
> "P2P 네트워크를 활용해서 이중 지불의 문제를 해결하는 솔루션을 제안한다."

이중 지불의 문제는 디지털의 기본 속성이기 때문에 기술적으로는 해결 불가능하다. 그래서 소유권을 인정하려면 P2P 네트워크로 해결할 수밖에 없는데, 그 알고리즘이 블록체인이다. 즉, 블록체인은

P2P 네트워크의 집단지성을 활용해서 디지털 자산의 소유권을 보증해 주고 이동도 할 수 있게 해 주는 알고리즘이다. NFT는 블록체인으로부터 뿌리 뻗어 나온 것이다. 그러므로 NFT의 본질을 간파하려면 블록체인의 원리를 이해해야 한다.

### NFT의 원리, 얍 섬의 돌 화폐 이야기

블록체인은 디지털 자산의 소유권을 어떻게 보증해 주는 것인가? 밀턴 프리드먼의 《화폐경제학》에 소개된 얍 섬의 돌 화폐 이야기에 그 힌트가 있다.

서태평양 미크로네시아 연방에 속한 얍Yapp 섬에서는 1,500년 전부터 돌을 화폐로 사용해 왔다고 한다. 가운데가 뻥 뚫린 엽전 모양의 돌 화폐 가치는 크기와 무게로 매겨지는데, 작은 것은 지름 7cm짜리도 있지만 큰 것은 지름 3.6m에 무게도 4t에 이른다. 이 돌은 얍 섬에는 없는 희귀한 것이기에 좀 떨어진 팔라우 섬에서 채굴한 뒤 카누와 뗏목으로 실어 나르고 장정들이 중앙에 구멍을 내고 막대를 끼워 어깨에 짊어져 운반해 온다.

그런데 흥미로운 점은 너무 무겁고 크다 보니 거래를 할 때마다 돌을 실제 주고받는 것이 아니라 마을 어귀에 놔두고 마을회관에 모여 "저건 누구 거야." 하고 소유권만 합의한다는 사실이다.

재미있는 사례가 있다. 얍 섬으로 돌을 운반하던 도중 너무 크고 무거워서 바다에 빠뜨려 버렸다. 그런데 그것을 목격한 사람들이 증인이 되어 화폐가치를 인정해 주었단다. 실제 돌 화폐는 바다 밑에 잠겨 있어 볼 수도 확인할 수도 없는데 소유권이 인정되고, 얍 섬에서 거래가 일어날 때마다 소유권자가 바뀐다. 실물을 소유하지 않아도 소유권이 인정되는 셈이다.

얍 섬의 돌 화폐는 미개한 원주민들의 이야기일까? 그들의 행위가 우습게 보일지 모르지만 사실 우리도 그렇게 살고 있다. 가치가 내재되어 있지 않은 종잇장을 주고받고 숫자만 왔다갔다 하면서 재산이 얼마라고 따진다. 불과 20년 전 사람들만 하더라도 우리가 버스 탈 때 지갑을 갖다 대며 찍찍거리는 이상한 행위를 이해하지 못했을 것이다.

얍 섬 돌 화폐의 원리는 비트코인과 닮아 있다. 가상화폐도 실물이 오가는 것이 아니다. A가 B에게 얼마를 보낼 때 실제로 비트코인이 가는 것이 아니다. 비트코인은 가상의 화폐다. 얍 섬 사람들이 돌 화폐를 바다 밑에 놔두고 소유권을 인정해 주듯이 비트코인 역시 저 구름 위에 놔두고 소유권만 왔다갔다하는 방식이다.

또 많은 사람이 전자지갑의 개념을 오해하고 있다. 지갑이라 하니까 우리 주머니 속에 있는 지갑 형태를 떠올리지만, 사실 전자지갑은 이메일주소와 같은 프로그램일 뿐이고 그 안에 돈이 들어 있는 것도 아니다. 이메일 받듯이 내 지갑 주소로 해시값만 받는 것이고, 그것을 노드들이 인정해 주기 때문에 가치를 보증 받는 것이다.

블록체인은 글로벌 온라인 마을 회의라고 정의할 수 있다. 현실세계에서 소유권을 보증해 주는 국가와 중앙기관들의 역할을 전 세계에 P2P 네트워크로 연결되어 있는 블록체인 메인넷 상의 노드node들이 하는 것이다. 이것이 블록체인이 집단지성을 활용하는 방식이자, NFT가 디지털 자산의 소유권 문제를 해결하는 원리다.

### 포에버 로즈의 흥미로운 실험

NFT의 개념과 원리를 이해했으면 어떻게 실생활과 연계되는지 살펴보자. 2021년 한동안 "이게 뭐지" 할 만한 NFT 관련 사례들이 뉴스화됐었다. 디지털 아티스트 비플Beeple의 '에브리데이즈 : 첫 5000일'이라는 작품이 NFT로 만들어져 약 785억 원에 낙찰되었다든지, 트위터 창업자 잭 도시의 최초 트윗이 약 32억 원에 팔렸다든지, 또 이세돌과 알파고의 제4국 NFT가 2.5억 원에 낙찰되었다는 내용 등이다.

또 NFT 가격이 오르면서 투자가들이 몰리기도 했고, NFT 거래소들이 문전성시를 이루고 신규거래소들이 생기기도 했다. 그러면서 나도 한번 만들어 팔아 볼까 하는 시도들이 늘어났다. NFT는 누구나 쉽게 발행하고 판매까지 할 수 있기 때문이다.

재미있는 사례가 있었다. 2018년 2월 호주 사진작가 케빈 아보시가 '포에버 로즈Forever Rose'라는 자신의 디지털 사진 작품을 토큰으로 만들어서 100만 달러에 매각한 프로젝트였다. 이 당시에는 NFT라는 용어가 쓰이지 않던 때였고, '로즈 토큰'으로 불렸는데 NFT의 원형이라 할 수 있겠다.

〈자료 3-14 : 케빈 아보시의 디지털 사진, 포에버 로즈〉

'로즈 토큰'은 단 1개 발행됐다. 발행은 아주 쉽다. 로즈 토큰은 이더리움 메인넷 상에서 ERC-20 표준에 따라 민팅되었는데, —토큰 발행을 민팅minting이라고 부른다.— 시간은 10분도 안 걸린다. 그리고 경매 붙인 것이다.

여기서 잠깐, 이더리움과 로즈 토큰의 관계를 살펴보고 가자. 이는 코인과 토큰의 차이점이기도 하다. 토큰을 민팅하려면 반드시 블록체인 메인넷이 필요하다. 건축에 비유하자면, 땅 없이 집을 지을 수 없는 것과 같다. 스마트폰 앱도 마찬가지다. 안드로이드나 iOS 등의 운영체제 위에서 앱을 만들 수 있다. 그러니까 이더리움은 운영체제OS, 로즈 토큰은 애플리케이션이라 할 수 있다.

로즈 토큰의 소유권은 이더리움 네트워크를 분산운영하는 노드들이 생성하는 블록에 기록된다. 케빈 아보시가 100만 달러 로즈 토큰을 민팅한 내역, 그리고 소유권의 이전과 판매대금 송금 내역 등이 이더리움 블록에 저장되는 것이다. 이런 방식으로 로즈 토큰의 소유권이 보증된다.

### NFT를 발행하는 방법

그러면 토큰이나 NFT는 이더리움 블록체인에서만 민팅할 수 있나? 아니다. 이오스, 트론, 클레이튼 등등 스마트 계약smart contract을 지원하는 대부분 블록체인에서 NFT 민팅이 가능하고 판매도 지원한다. 많은 프로젝트가 이더리움에서 이루어지는 것은 생태계가 가장 잘 조성되어 있기 때문이다. 즉, 이더리움이 시장점유율이 높은 1위 브랜드인 셈이다.

이더리움이 제공하는 ERC-20 표준을 따르면 누구나 쉽게 토큰대체가능토큰을 민팅할 수 있고, NFT와 같이 고유의 식별정보가 필요한 토큰은 ERC-721이나 ERC-1155 표준을 따라 민팅된다. 또 NFT를 판매할 수 있는 관련 인프라도 잘 구축되어 있다. 예를 들어, 현재 NFT의 최대거래소는 오픈시opensea.io인데, 오픈시는 이더리움 블록체인의 메인넷main network에서 돌아가는 애플리케이션이다.

또 여기서 잠깐, 코인과 토큰의 차이점을 알고 가야 한다. 대개는 혼용해서 쓰는 경우가 많지만 다른 차원의 개념이다. 메인넷을 운영하는 블록체인은 블록 생성에 참여하는 노드들에게 작업에 대한 인센티브를 지급하는데, 그게 코인coin이다. 이 과정을 채굴이라 부른다.

마치 광부들이 노동해서 금을 채굴mining하듯이, 블록이 생성될 때마다 노동의 대가로 가치가 창출되는 것이다. 코인은 대부분 발행되지 않고 채굴된다.

토큰token은 메인넷 운영체제상에서 만들어지는 애플리케이션들이 자신의 앱에서 사용할 수 있도록 발행하는 것이다. 일종의 유틸리티 토큰의 성격이다. 그러니까 코인과 토큰은 부모와 자식의 관계라 할 수도 있겠다.

또 메인넷OS을 도시에 비유한다면 앱app은 건물이나 아파트, 도로 등이다. 인구가 늘고 건물들이 많이 들어서야 도시가 활성화되어 땅값도 올라가듯이 메인넷 위에서 작동되는 앱들이 많아져야 해당 블록체인 생태계가 커진다.

예를 들어, 이더리움 생태계에서 거래될 때에는 이더ETH로 결제가 이루어지는데, 이더의 사용량이 많아지면 가격도 올라간다. 현재로서는 이더리움이 가장 유리한 위치를 점하고 있지만, 이더리움의 처리속도TPS가 느려 실생활 사용에 한계가 있고 가스비거래수수료가 높다는 약점을 파고들면서 경쟁 프로젝트들이 블록체인계의 안드로이드와 iOS 자리에 도전하고 있다. 이처럼 블록체인은 웹3.0 메타버스 경제의 운영체제다.

### NFT는 어떻게 생겼나?

다시 포에버 로즈 이야기로 돌아가자. 로즈 토큰 경매에는 150명

이상이 몰려 10명에게 분할 판매됐고, 로즈 토큰은 거래소에 상장되자마자 가격이 폭등했었다. 그런데, 이 프로젝트가 흥미로운 것은 로즈 토큰 안에 디지털 원본이 없다는 사실이다. 즉, 토큰 안에 사진 원본을 담아 소유권자에게 넘겨준 것이 아니라는 말이다.

피카소의 그림은 구매자가 자신의 집에 걸어 놓고 혼자 감상할 수 있지만, '포에버 로즈'는 10억 원이라는 거금을 주고 사도 원본을 볼 수도 소유할 수도 없다. 원본은 케빈 아보시의 컴퓨터에 저장되어 있고, 작품은 www.foreverrose.io에서 누구나 감상할 수 있다.

전문작가들이 찍는 디지털 사진은 현재의 블록체인 기술로는 토큰 안에 집어넣기에는 용량이 크다. 또 디지털 사진은 0과 1의 조합이라 복제와 확산이 얼마든지 가능하기 때문에 원본에 의미를 부여하기도 어렵다. NFT 안에는 소유권을 보증하는 고유의 식별데이터만 있다. 로즈 토큰을 산 사람은 원본(?)은 구경도 못 해 보고 단지 소유권만 인정받았을 뿐이다. 서울에서 간담회를 연 케빈 아보시는 이런 말을 했다.

> "보통 미술 작품을 사서 집에 걸어 두는 걸 작품을 샀다고 이야기하지만 공연을 볼 때도 비용을 지불한다. 공연은 끝나고 남아 있지 않음에도 그렇다. 그 당시 행위에 가치를 부여한 것이다. 포에버 로즈도 그렇게 이해해 달라. … 블록체인과 예술을 결합해 크립토아트라는 새로운 영역을 개척하는 것에 의미가 있다."
>
> **– 동아사이언스, 2018. 2. 23.**

**〈자료 3-15 : 케빈 아보시의 방한 인터뷰 장면〉**

케빈 아보시는 이에 앞서 '아이엠어IAMA 코인' 프로젝트를 했던 인물이기도 하다. 자신의 피를 채취해서 도장으로 찍어 블록체인 주소를 만들고 10만 개의 토큰으로 만든 것인데, 암호화폐와 실제 작품을 조합해 크립토아트crypto-art라는 새로운 영역을 개척해 가고 있다. 또 NFT의 선구자이기도 하다.

그러면 메타버스 자산의 소유권 보증서인 NFT는 어떻게 생겼나? 등기권리증이나 사진 이미지가 담겨 있는 토큰의 모습을 연상하겠지만, 전혀 아니다. '0dh7k56ks8---'처럼 고유의 식별데이터를 해시화한 해시값hash이다. 이게 내 지갑 안에 있을 뿐이다.

아날로그 자산은 내 집과 창고에 보관하고 도둑맞지 않으면 내 소유로 인정되지만, 메타버스 내 디지털 자산은 구름 위에 오픈되어 있다. 소유를 인정받으려면 이름표를 붙여야 하는데, 그 작업이 NFT 민팅이다. 그걸 집단지성의 힘으로 지구인들이 인정해 주는 것이다.

〈자료 3-16 : '재난의 소녀' 사진〉

## 모든 것은 NFT가 될 수 있다

어떤 것들을 NFT로 만들 수 있을까? 모든 것anything이다. 내가 찍은 사진이나 영상, SNS에 포스팅한 글, 내가 메타비스에서 구입한 아이템 등 내가 메타버스에서 한 활동과 만든 작품은 어느 것이나 NFT의 대상이 될 수 있다.

그런 게 가치가 있겠는가 의아하다면 〈자료 3-16〉을 보자. 2021년 4월 약 5.5억 원에 팔려 화제가 되었던 '재난의 소녀'라는 사진이다. 이 사진은 미국 노스캐롤라이나 주의 한 화재 현장에서 한 아버지가 미묘한 웃음을 짓는 네 살배기 딸 조이의 모습을 16년 전에 찍은 것인데, 사람들이 소녀의 미소에 열광하면서 이후 각종 재난사고의 합성짤로 인기를 모았다.

〈자료 3-17〉은 '찰리가 내 손가락을 깨물었어요'라는 동영상이다. 잉글랜드 버킹엄셔에 사는 형제의 아버지가 촬영해서 2007년 유

〈자료 3-17 : '찰리가 내 손가락을 깨물었어요.' 동영상〉

튜브에 올린 55초짜리 영상인데, 9억 뷰를 기록했다. 이 영상 NFT는 2021년 5월 8.5억 원에 팔렸다.

객관적으로 생각해 보라. 모나리자의 미소가 진짜 그렇게 매력적인가? 미의 기준은 시대에 따라 다르다. 16세기 레오나르도 다빈치는 작품 가격이 이렇게 뛸지 전혀 예상하지 못했다. 아니, 당시에는 미술품에 가격이란 게 매겨지지도 않았다. 지금은 수백억에 거래되는 작품의 화가들 대부분은 생전에는 무명에 가난뱅이였다. 19세기의 빈센트 반 고흐는 죽으면서 900점을 남겼지만, 살아 있을 때는 아무도 그의 그림에 관심을 보이지 않았다. 가격은 자본주의 이후에 생겨난 시장market 기제다.

### NFT가 보내는 시그널

메타버스에 NFT 시장이 열리고 사람들이 모여들고 있다. NFT 시장규모가 성장하고 빠른 속도로 활성화되는 것은 메타버스 생태계에도 자본주의 사유재산의 개념이 접목되기 시작했다는 시그널이다. 지금까지 디지털 자산은 공공재 성격이 강했고 가격 책정도 어려웠다. 그런데 인류의 생활공간이 구름 위로 옮겨지고 본격적으로 메타버스에 경제생태계가 조성되면서 디지털 자산의 소유권 문제가 불거지고 있다.

아날로그 자산의 역사도 그랬다. 자본주의 시대 이전에는 소유권은 그리 중요한 이슈가 아니었다. 소유권 개념이 정립되고 산업혁명으로 이어지면서 거대한 자본주의 경제시스템이 만들어졌듯이, 작금의 NFT 열풍은 메타버스 경제시스템의 폭풍 성장을 예고하는 뚜렷한 전조 현상이다.

그런데, 탈중앙화decentralized 구조를 가진 웹3.0 메타버스의 자본주의는 1% 중심의 산업자본주의와는 다르다. 앞 장에서 강조했듯이, 주주 자본주의가 아니라 플랫폼의 가치를 성장시킨 기여도에 비례해 99%가 공평하게 보상받는 토큰 이코노미가 실현되어야 한다.

2021년 말 트위터를 달궜던 일론 머스크와 잭 도시의 "웹3.0을 벤처캐피탈들이 소유하려 한다"는 공방은 "재주는 곰이 부리고 돈은 주인이 버는" 기존 산업자본주의의 거버넌스가 웹3.0으로 연장되어서는 안 된다는 경고 메시지다. 블록체인의 DNA를 물려받은 웹3.0 메타버스 생태계는 자본가와 빅 브라더 중심의 세상이 아니라 개미

혁명이기 때문이다.

웹3.0 메타버스는 기회의 땅이다. 누구나 무엇이든 NFT로 만들어 수익을 올릴 수 있다. "내가 무슨?"이라고 주저해서는 안 된다. 지금 필요한 것은 자신의 업業에 대한 진정성과 남들이 내 눈에 씌워 놓은 관념의 프레임을 걷어차 버리는 상상력이다.

메타버스가 요구하는 인재상은 모범생이 아니라 모험가다. 메타버스는 누구에게나 열려 있고, 스펙 같은 건 묻지도 따지지 않는 평평한 세상이다. 구조나 작동 원리도 현실세계와는 정반대다. 여기서는 다르게 생각하고think different, 다르게 마케팅해야 한다. 가치방정식이 다르기 때문이다.

기회의 신 카이로스는 앞에만 머리카락이 있고 뒤는 민머리여서 지나가면 붙잡을 수 없다. 쫄지 말고 부딪히라. "야, 너두 NFT로 돈 벌 수 있어."

# 제4부

## 달라진 가치방정식
## - 메타버스 마케팅의 문법

WEB 3.0 METAVERSE

WEB3.0 METAVERSE

# 10장. 네 가지 상품기획

## 별다방이 스타벅스가 된 사연

스타벅스는 커피를 발견했거나 커피 신제조공법을 발명한 회사가 아니다. 이탈리아식 커피를 표방하며 시작한 시애틀의 별다방은 어떻게 글로벌 No.1 커피회사가 될 수 있었을까? 스타벅스는 경험경제experience economy가 언급될 때마다 등장하는 단골 사례다.

일반적인 관념으로 보면 커피는 물리적 상품이다. 그러나 커피를 다르게 해석할 수도 있다. 커피 한잔을 앞에 놓고 서로 대화 나눈다는 측면에서 커피는 사람과 사람을 연결시켜 주는 미디어가 된다. 또는 테이크아웃해서 길거리에 다니면서 마시는 문화 코드이기도 하다. 즉, 망막을 거쳐 뇌로 전달되는 커피라는 사물의 이미지 데이터는 원두 덩어리에 불과하지만, 물리적 현실 너머에 있는 초월적meta 커피는 다른 실체일 수도 있다. 그것을 인간의 언어로 문화니 경험이니 표현하는 것이다.

스타벅스 커피와 동네 커피는 눈을 가리고blind 마시면 맛을 분간하기 어렵다. 맛이란 혀에 입력된 미각 데이터가 두뇌로 전달된 전기 신호다. 그걸 두뇌가 해석하고 결과값을 내서 맛이 있다 없다, 또는 무슨 맛이라고 판단한다. 그런데 무언가를 먹거나 마실 때 눈, 코, 귀 등 다른 감각 데이터들이 섞여 들어온다. 브랜드도 보이고 분위기에 취하고, 그때그때의 감정 상태에 따라 맛이 달라지는 것이다. 브랜드가 주는 아우라가 중요한 이유다.

"맛으로 승부하겠다"는 말은 어불성설이다. 요식업 창업자들이 잘 빠지는 함정이 맛있으면 성공한다는 믿음이다. 과거에는 이 말이 먹히던 시절이 있었다. 경쟁사 간 나른 감각의 상황 조건이 비슷했기 때문이다. 그러나 이제는 브랜드, 매장 분위기, 응대 방식이나 고객 경험 등이 더 중요한 맛 결정요인이 되었다.

품질도 마찬가지다. 품질은 물리적 품질physical quality과 지각품질perceived quality로 나눌 수 있는데, 물리적 품질이란 존재할 수 없는 허상이다. 객관적으로 A가 B보다 품질이 우수하다고 판단할 수 있는 근거는 어디에도 없다. 판단은 인간의 두뇌 속에서 이루어지는 것이기 때문이다.

## 모든 회사가 메타버스 기업이 된다

시야가 넓은 스타벅스는 커피산업이라는 경계선 안에 머무르지 않고 허무는 융합의 시도를 계속해 왔다. 스타벅스는 IT 회사이고, 금융업에도 걸쳐 있으며, 가까운 미래 스타벅스는 커피사업이 아니라 지금과는 전혀 다른 형태의 비즈니스를 하고 있을지도 모른다. 예를 들면 테마파크나 여행사가 될 수도 있다.

메타버스행에서도 유리한 고지를 점하고 있다. 메타버스의 세 가지 요건인 콘텐츠, 커뮤니티, 커머스를 가지고 있기 때문이다. 스타벅스뿐 아니라 모든 기업이 메타버스 회사가 될 것이다. ICT와 인공지능 기술이 발달할수록 현실세계와 메타버스는 닮아 가고 동기화되기 때문이다. 경계가 희미해지고 서로 섞이면서 궁극적으로 융합convergence이 일어난다는 뜻이다.

어느 기업과 개인도 메타버스라는 메가트렌드로부터 자유로울 수 없고, 세상은 결국 메타버스화된다. 이러한 변화는 기업들에게 큰 도전이다. 산업시대 비즈니스의 영역은 물리적 현실이었고, 상품을 잘 만들어 잘 팔면 성공할 수 있었지만, 이제 메타버스로 확장되면서 과거의 비즈니스 문법이 먹히지 않는 것이다. 메타버스는 구성물질이 다르고 시공간도 초월적이라는 점을 잊어서는 안 된다.

가치방정식이 달라지고 있다. 상품을 품질 좋고 차별화되게 만들고 유통을 장악하고 광고나 프로모션 잘해서 매출 올리는 마케팅 방식으로는 더 이상 가치를 창출할 수 없고 메타버스로 갈 수도 없다. 현실세계에 안주하고 있는 기업은 필연코 도태된다.

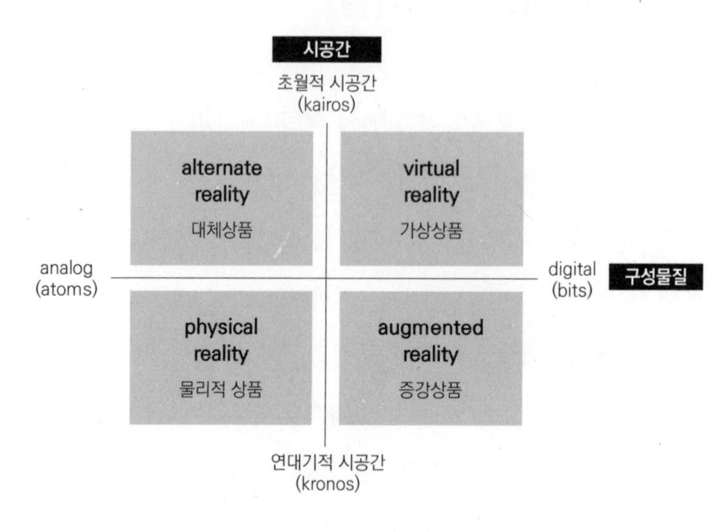


**〈자료 4-1 : 네 가지 상품〉**

## 네 가지 상품이 존재한다

그렇다면 새로운 가치방정식은 어떤 것인가? 비즈니스의 핵심은 상품이었다. 그런데 웹3.0 메타버스에서는 상품의 정의가 달라지고 개념이 재구성된다. 앞 장에서 구성물질에 따른 아날로그와 디지털의 x축과 시공간에 따른 크로노스와 카이로스의 y축을 조합하면 물리적 현실, 가상현실, 증강현실, 대체현실, 이렇게 4가지 영역reality으로 구분할 수 있음을 논의하면서 VR, AR, 대체현실을 통틀어 메타버스라고 부른다고 언급했다.

네 영역에 따라 〈자료 4-1〉과 같이 네 가지 상품이 도출된다. 지금까지 '상품'하면 물리적 상품을 떠올렸지만, 이제는 상품의 범위를 증강상품, 대체상품, 그리고 가상상품까지 확대하고 상품기획 단계부터 함께 구성해야 한다.

첫째, 물리적 상품physical product은 이미 익숙한 것이라 따로 설명할 필요가 없겠다. 품질, 기능, 디자인, 포장 등 눈에 보이고 손에 만져지는 상품tangible product이다. 즉, 아날로그 물질이고 실제 시공간에 존재하는 상품·서비스를 일컫는다. 그러나 물리적 제조업으로는 메타버스에서 생존할 수 없다.

둘째, 가상상품virtual product은 물리적 상품과 대척 관계로 디지털 물질이고 초월적 시공간에 존재한다. 아직은 온전한 의미의 가상상품은 없다. 앞에서도 언급했듯이 온전한 VR을 구현하려면 물리적 현실의 모든 감각을 차단해야 하기 때문이다. VR 콘텐츠를 가상상품이라 할 수 있겠으나 아직은 활성화되어 있지 않고, 현재는 VR로 가는 과도기로서, 디지털 상품의 개념과 혼재되어 있다.

즉 메타버스에 존재하는 디지털 상품을 가상상품이라 부른다. 내 아바타가 입는 옷이나 액세서리, 집과 장식용품, 이동수단, 게임 아이템 등이다. 또 여행, 교육, 엔터테인먼트, 콘텐츠 등 메타버스에서의 경험도 가상상품의 대상이 된다. 가상화폐도 가상상품이다.

메타버스에 현실세계와는 다른 경제생태계가 형성되어 가고 있다. 특이점에 다다르면 경제규모가 역전될 것이다. 메타버스 과도기인 현 단계에서 기업들이 집중해야 할 마케팅 포인트는 증강상품과 대체상품을 기획하는 일이다. 증강상품과 대체상품이 다른 차원으로 퀀텀점프할 수 있는 한 방이 되기 때문이다.

## 브랜드 가치를 높이는 증강상품

증강상품augmented product이란 말 그대로 물리적 상품의 가치를 증가시키고 강화해 주는 요소들이다. 증강현실은 디지털 정보를 덧댄 개념이지만, 디지털 이전부터 증강상품이라는 용어는 사용되었다. 필립 코틀러는 '제품 3수준 모델'을 언급하면서 고객이 상품을 구매할 때 단순히 공장에서 생산된 'tangible product유형의 상품'만 사는 것이 아니라 배달 및 설치, AS, 보증, 금융결제 등의 부가서비스들도 함께 따라오는데, 이를 'augmented product부가적 상품'라 지칭했다. 상품의 가치를 증강하는 요소들이다.

그런데 디지털 시대가 되면서 증강상품은 점점 다양해지고 업그레이드되고 있다. 상품이란 공장에서 만드는 물리적 생산품이 아니라 고객에게 제공되는 가치의 총체물이다. 그렇다면 가치를 증강할 수 있는 것들은 무엇이 있을까? 고객 경험UX : User eXperience, 문화, 유익한 정보, 재미와 감성, 스토리, 커뮤니티 등이다. 이 요소들은 증강상품의 소재가 될 수 있다.

다시 스타벅스 이야기를 해 보자. 스타벅스의 하워드 슐츠 전 회장은 "우리는 커피를 팔지 않는다."라고 천명했다. 카페라떼나 에스프레소가 상품이 아니라는 의미다. 본사의 상품개발팀에는 커피의 R&D 인력보다 디자인이나 라이프스타일, 디지털과 IT를 연구하는 인력이 더 많다. 그들의 핵심 상품core product은 경험과 문화이기 때문이다.

스타벅스는 고객들에게 새로운 라이프스타일과 트렌드를 제시하고 새로운 경험을 제공하기 위한 증강상품을 계속 내놓는다. 예를 들어, 스타벅스의 사이렌오더나 드라이브스루 픽업은 새로운 고객 경험을 제공하는 것이다. 또 O2O[Offline To Online]는 온라인과 오프라인의 경계를 넘나들면서 고객의 시간을 절약해 주는 가치를 증강한다. 커피는 물리적 상품이고, 사이렌오더는 증강상품이다.

### 브랜디드 콘텐츠의 중요성

브랜디드 콘텐츠 역시 매우 중요한 증강상품이다. 넷플릭스의 〈오징어 게임〉 성공은 브랜디드 콘텐츠의 중요성을 일깨워 준다. 넷플릭스는 1997년 오프라인 비디오 대여업으로 창업한 회사다. 초고속 인터넷망이 깔리고 스트리밍 등 디지털 기술이 발달하면서 온라인으로 전환한 것이 OTT[Over The Top] 상품이다. 처음에는 디즈니나 HBO 등 제작사들로부터 콘텐츠를 제공받는 방식으로 시작했는데, 공급이 불안정해지자 자체 콘텐츠 제작에 나선다. 2013년 나온 〈하우스 오브 카드〉가 신호탄이었다.

브랜디드 콘텐츠[branded contents]란 자사의 브랜드가 녹아 있는 콘텐츠를 의미하는데, 드라마나 영화, SNS 영상, 음악, 게임, 스마트폰 앱, 이모티콘이나 짤방과 같은 밈[meme] 등이 될 수 있다. 유튜브나 틱톡 등 SNS를 통한 스토리텔링이나 정보 제공, 또 고객과 함께 즐기는 게임 등은 상품과 브랜드의 가치를 제고하는 증강상품이다.

### 메타버스에 증강상품 만들기

메타버스 플랫폼은 증강상품을 기획할 수 있는 아주 좋은 환경을 제공한다. 루이비통이나 구찌, 버버리 등 명품브랜드들은 메타버스 안에 체험관이나 쇼핑몰을 만들고 패션 아이템을 판매한다. 현실세계에서는 수백만 원짜리를 메타버스에서는 몇만 원이면 구입할 수 있다. 전통적이고 나이 든 시니어들이 입는 패션이라는 브랜드 이미지를 젊고 역동적인 이미지로 증강시켜 주는 브랜디드 콘텐츠다.

또 고객들과 함께 게임을 만들거나 고객들의 아바타를 등장인물로 해서 드라마를 찍을 수도 있다. 이는 메타버스 플랫폼들이 제공하는 스튜디오를 활용해서 큰 예산 들이지 않고 효과적인 증강상품을 만드는 작업이다.

또는 브랜드 월드를 만들고 고객들을 초청해서 공연 행사도 열고 교육과 정보를 제공하고, 신제품 시연을 한다든지 프로모션 이벤트도 개최할 수 있다. 현대자동차가 제페토 안에 '현대 모빌리티 어드벤처'라는 가상 고객체험공간을 만들어 전시와 시승 행사를 하고, LG가 동물의 숲 안에 OLED 섬을 만드는 등의 시도가 이런 맥락이다. 2020년 미국 대선 기간 바이든 대통령 후보는 동물의 숲에 선거캠프를 만들기도 했다.

그런데, 메타버스에서 꼭 염두에 두어야 할 점은 메타버스는 수평적이고 민주적인 공간이라는 것이다. 즉 광고하려다가는 퇴출당한다. 메타버스는 수다[talk] 떠는 곳이지 광고[tell]하는 곳이 아니기 때문이다.

광고는 미디어의 시간과 공간을 유료로 구매해서 기업이 전달하고자 하는 메시지를 일방적, 그리고 순차적으로 반복하는 것이기 때문에 여기에는 방송식 사고방식이 적용된다. 즉, 연출을 통해 브랜드 이미지를 창출하는 원리다. 반면 'talk'는 여러 사람이 같은 시공간에 모여서 쌍방향으로, 그리고 실시간 대화하는 것이다. 연출도 필요 없고, 그냥 일상적인 이야기들을 친구와 수다 떨듯 수평적으로 해야 한다. 함께 만들면 그들이 머문다.

증강상품은 대기업만 기획할 수 있는 게 아니다. 동네 치킨집도 메타버스 플랫폼에 가상매장을 만들고 꾸밀 수 있다. 메타버스 매장에 고객들을 초청해서 대화하거나 이벤트를 열 수도 있다. 10번 방문하면 할인쿠폰을 준다든지 아예 주문을 메타버스에서 받을 수도 있는 것이다. 메타버스에서는 큰 비용이 들지 않는다.

### AR 기술을 활용한 증강상품 사례들

이렇게 물리적 상품의 가치를 증강하는 것이 증강상품의 개념이다. AR 디지털 기술을 접목할 수도 있다. "우리는 더 이상 가구회사가 아니다."라고 선언한 이케아는 'IKEA place'라는 증강현실 앱을 제공한다. 가상으로 가구를 공간에 배치해 볼 수 있게 시뮬레이션하는 것인데, 상품 추천도 해 주고 구매까지 연결 가능하게 한다.

또 나이키는 컴퓨터 비전과 머신러닝 추천 알고리즘을 통해 발 사이즈를 손쉽게 측정할 수 있는 스캔 서비스 나이키 핏Nike Fit 앱을 출시했다. 이는 중간 유통과정을 거치지 않는 D2CDirect to Customer 전략의 일환이다.

화장품 브랜드인 세포라Sephora는 '세포라 증강현실 거울Sephora Augmented Reality'이라는 서비스를 제공하고 있는데, 고객이 매장에 와서 화장을 지우지 않고도 화장품 샘플을 경험해 볼 수 있게 한 것이다.

또 스위스 시계 '티쏘Tissot'도 손목시계 모양의 마커를 손목에 차고 비추면 여러 가지 시계를 직접 착용한 듯한 경험을 할 수 있게 하는 증강현실 서비스를 제공하고, 의류 회사들도 증강현실 드레스룸을 만들어서 직접 일일이 입어 보지 않고도 맵시를 볼 수 있도록 하는 버추얼 피팅virtual fitting 시스템 구축을 서두르고 있다.

증강현실 카탈로그를 배포하는 사례도 늘어나고 있는데, 미국의 전자유통회사 베스트바이Best Buy가 제공하는 증강현실 카탈로그를 비추면 상품 실물이 튀어나오고, 상품정보뿐 아니라 상품평가 등도 볼 수 있게 했다.

어떤 업종도 AR 기술을 활용해서 증강상품을 만들 수 있다. 증강현실이란 물리적 시공간과 디지털 실체가 조합된 세상이다. 아날로그 상품에 디지털 실체를 덧댐으로써 고객에게 새로운 경험과 라이프스타일을 제공할 수 있는 것이다.

광고와 프로모션에 증강현실이 적용된 사례들도 많다. 광고물이나 상표에 AR 카메라를 갖다 대면, 캐릭터가 나타나거나 광고모델이 튀어나와 부가적인 설명을 해 주고 대화를 나눌 수도 있다. 패션상품의 경우 모델이 런웨이하는 장면을 볼 수 있다. 이 역시 광고에 디지털 데이터를 덧입혀, 다른 말로 증강해 놓았기 때문이다.

보물찾기 게임에 적용된 사례도 있다. 일본 세카이 카메라는 고객들과 함께 도쿄 시부야에서 AR 카메라를 켜고 다니면서 숨겨 놓은 보물을 찾는 ARG를 벌였다. 포켓몬고를 연상하면 된다.

이건 프로모션 아닌가 하겠지만 상품의 개념과 외연을 확장해야 한다. 상품은 정형화된 틀에서 벗어나 광고와도 융합되고 유통과도 융합이 일어난다. 광고도 증강상품이다. 유통에도 ARG의 원리를 적용하면 증강상품이 된다. 과거처럼 상품 만들고 나서 유통에 깔고 광고해서 판매한다는 관념에서 벗어나야 한다. 순차적인 방식이 아니라 동시간 융합이 웹3.0 메타버스 마케팅의 문법이다.

물리적 상품·서비스가 창출하는 가치는 점차 제로로 수렴하고, 경쟁사 간 품질이나 차별화 포인트, 마케팅 실력 등이 평준화되면서 기존 문법으로는 가치를 높일 수 없다. 가치를 창출하는 새로운 방정식은 경험, 문화, 재미와 감성, 정보와 교육, 스토리, 커뮤니티 등 상품의 가치를 높일 수 있는 요소들을 융합해서 증강상품을 기획하는 일이다. AR 디지털 기술의 사용 유무가 중요한 게 아니다. 본질은 증강augmentation이다.

### 날개를 달아 주는 대체상품

마지막으로 대체상품alternate product이다. 대체상품은 아날로그와 초월적 시공간의 조합인 대체현실에 존재하는 상품이다. 즉 아날로그

상품을 현실세계 너머의 초월적 시공간으로 날아가게 해 준다. 대표적인 예가 디지털 트윈digital twin이다.

디지털 트윈은 문자 그대로 메타버스에 존재하는 쌍둥이다. 현실세계에 있는 아파트 모델하우스는 아날로그 물질이지만, 똑같이 3D 디지털로 구현한다면 디지털 트윈이 된다. 이는 분양사 입장에서는 비용 절감에 그치지 않고 새로운 고객경험까지 제공할 수 있다는 이점이 있다. 층과 호수에 따라 외부전망이 어떻게 달라지는지 보여 줄 수도 있고, 이케아 플레이스와 같은 AR 기술을 활용하여 가구 배치를 시뮬레이션해 볼 수도 있다.

모델하우스에서 한 걸음 더 나아가 건설 과정을 디지털화하면 어떨까? 아파트가 한층 올라갈 때마다 디지털 트윈도 같이 올라가는 식이다. 내가 분양받은 집이 지어지는 과정을 중계방송 보듯 실시간 체크할 수 있고, 내부 구조와 인테리어 작업과정에도 내 아바타를 통해 직접 참여하게 한다면 고객만족도가 크게 높아질 것이다.

이처럼 모델하우스의 디지털 트윈은 현실세계에 있는 고객을 초월적 시공간으로 이동시켜 시뮬레이션이나 새로운 체험을 해 볼 수 있게 해 주는 대체상품이다. 여기서 '대체alternate'는 '교체substitution'와는 다른 의미다. 병행되어 있는 것을 번갈아 한다는 뜻이다. 컴퓨터 자판의 Alt 키를 누르면 기능이 대체되듯이.

### 디지털 트윈의 적용사례

디지털 트윈 기술은 여러 분야에 적용되고 있다. 공장을 똑같이 디지털로 구현하면 기계 배치의 시뮬레이션을 통해 최적의 동선을 찾을 수 있다. 사람들이 직접 기계를 이리저리 배치해 보는 번거로운 장면과 비교해 보라. 또 디지털 트윈에 현실세계와 동일한 물리조건을 입력시켜 놓으면 스마트 팩토리smart factory가 구현된다.

예를 들어, GE가 제조·판매하는 가스 터빈에는 센서들이 부착되어 있고, 그 센서들은 데이터를 실시간 컨트롤 서버로 전송한다. 여기서 얻어지는 빅 데이터를 처리해서 가동시간이나 엔진의 속도를 조정할 수 있는데, 1%만 높여도 적게는 수억 달러에서 많게는 수십억 달러의 이익을 거둘 수 있다. 이것이 스마트 팩토리의 원리다.

미국의 오랜 자존심 GE는 제조업이 아니라 디지털 기업이라 선언했다. 단지 잘 만들어 잘 파는 단순제조업은 메타버스에서 살아남을 수 없다. GE는 과거에는 항공기 엔진을 단순 판매했었지만, 항공기 엔진에 센서를 부착하여 사전에 고장상태나 장애를 예측하고, 최적의 비행항로를 제시하는 등의 유지보수서비스로 사업모델을 바꾸었다.

또 GE 컨트롤 센터에 디지털 트윈을 만들어 항공기와 통신하면서 가장 안전하고 에너지 효율적인 항공조건을 제시한다. 이것이 GE의 운영체제 프레딕스Predix인데, 이를 활용하면 공항의 효율성도 극대화할 수 있다. 메타버스에 공항의 디지털 트윈을 만든 것이다.

디지털 항만 프로젝트도 늘고 있다. 항만의 디지털 트윈을 만들면

현실세계에서의 화물선과 컨테이너의 상황이 반영되고, 여기서 얻어지는 동선의 빅 데이터는 항만 운영의 효율성을 극대화하는 토대가 될 수 있다.

분야는 무궁무진하다. 빌딩, 도로, 전력 및 통신 네트워크 등에 적용된다면 에너지 절감, 화재나 재난 예측, 스마트시티의 시뮬레이션 등에서 큰 성과를 낼 수 있다. 또 디지털 트윈은 자율주행차 테스트에도 유용하게 활용될 수 있고, 위험한 실험이나 의료 수술, 훈련이나 교육에도 접목될 수 있다.

향후 현실세계에 존재하는 모든 것은 메타버스에 쌍둥이를 갖게 될 것이다. 아바타는 인간의 디지털 트윈이고, 아바타도 '나'의 실제 모습이나 행동과 동기화된다. 현실세계를 그대로 메타버스로 이동시키는 기술들이 진화하고 있다. 갈수록 현실과 메타버스가 닮은꼴이 되리라는 예측은 그리 어려운 일이 아니다. 결국은 똑같아져 분간할 수 없는 특이점singularity이 다가오고 있다. 그날에는 인간과 인공지능도 분간하지 못할 것이다.

### 홈페이지의 미래모습

디지털 트윈이나 대체상품이라는 용어는 생소한 것이지만, 개념은 디지털 시대가 펼쳐지면서 시작되었다. 기업들의 홈페이지가 최초의 디지털 트윈이라 할 수 있다. 1990년대 인터넷의 확산으로 웹 생태계가 새로운 비즈니스 공간으로 부상하면서 기업들은 너나없이

〈자료 4-2 : 직방이 만든 메타폴리스〉

홈페이지를 만들기 시작했다. 홈페이지는 오프라인에 존재하는 기업을 온라인으로 옮겨 놓은 일종의 디지털 트윈이자 브랜드의 아바타다.

당시의 기술력으로서는 HTML로 만든 텍스트와 이미지 위주의 전자 카탈로그 수준이었지만, 메타버스 관련 기술이 진화하면서 홈페이지도 동적이고 입체적인 3D 형태로 변할 것이다. 즉, 현실세계의 기업 모습과 메타버스에서의 모습이 쌍둥이처럼 닮아 가는 것이다.

직방의 메타폴리스Metapolis는 미래 홈페이지의 진화 모습을 엿보게 한다. 메타폴리스는 현실세계에서 임대하던 오프라인 사무실을 없애고 직방의 직원들이 원격근무를 할 수 있도록 만든 가상 오피스인데, 이는 단순한 협업공간을 넘어 회사 홈페이지와 융합될 것이다.

직원뿐 아니라 고객도 메타폴리스에 방문해서 구경할 수 있다. 홍보관이나 전시관에서 각종 홍보영상을 보고, 회사에 대한 Q&A를 나누고, 고객센터에 가면 상담원들이 앉아 상담하게 하면 된다. 그들은 챗봇이다.

현재 기업을 온라인에서 홍보하기 위해 만든 홈페이지는 거의 폐문 상태다. 안 만들 수는 없으니 만든 것이지 고객들이 오리라고 기대하지도 않는다. 재미도 없고 새로운 체험이나 콘텐츠도 없이 회사 자랑만 늘어놓은 사이트에 누가 가겠는가? 여기에 메타버스 기술을 접목하면 상황이 달라진다.

메타버스에 은행의 디지털 트윈을 만들면 방문하는 모든 고객에게 VIP 서비스를 제공할 수 있다. 메타버스 은행에 들어가면 직원이 나와 정중히 안내한다. 이때 은행 광고모델의 아바타를 활용해도 좋다. 번호표 뽑아 기다릴 필요도 없다. VIP 룸에는 로보 어드바이저robo advisor가 앉아 있고, 1:1 상담을 진행할 수 있다.

정부나 민원 홈페이지가 이렇게 바뀐다면 어떨까? 예를 들어, 재난지원금을 신청하기 위해 주민센터 홈페이지에 접속하는 상황을 가정해 보자. 수많은 메뉴들이 스마트폰 화면에 죽 뜬다. 익숙하지 않은 일반인들은 어디로 들어가야 할지 어렵다. 특히 디지털 리터러시가 떨어지는 시니어들에게는 진입장벽이 높다. 현재 홈페이지는 평면적이고 정적이고 메말라 있다.

그런데 사용자 인터페이스UI : User Interface를 메타폴리스처럼 입체적이고 동적으로 바꿀 수 있다. 내 아바타가 주민센터 메타버스에 가면 실제 주민센터의 동선과 닮은 3D 모습이 펼쳐지게 만드는 것이다. 디지털 트윈이다. 자신이 필요로 하는 업무를 얘기하면 담당자를 연결해 주고 담당자 앞에 있는 의자에 앉아 업무를 진행하면 된다. 오프라인의 사용자경험을 그대로 메타버스에서 재연할 수 있다.

디지털 트윈은 죽어 있는 홈페이지를 심폐소생시킬 수 있는 대체상품이다. 대기업들만 디지털 트윈을 만들 수 있는 게 아니다. 소상공인들도 메타버스 플랫폼을 활용해서 디지털 트윈을 만들 수 있다.

예를 들어, 배달 전문 음식점은 메타버스 안에 주방의 디지털 트윈을 만들어 놓고 주문을 받고 조리해서 배달 내보내는 상황을 실시간 중계하듯이 고객에게 보여줄 수 있다. 주문한 고객은 자신이 주문한 음식이 제대로 접수되었는지, 어떻게 만들어지고 어디쯤 오고 있는지 메타버스에서 확인한다. 여기에 주방에 CCTV를 설치해서 실시간으로 보여 준다면 위생상태까지도 확인시켜 줄 수 있을 것이다.

### 애플과 나이키의 대체상품 사례

대체상품에는 디지털 트윈만 있는 것은 아니다. 초월적 시공간으로 날아가게 하는 대체상품은 다양하게 기획할 수 있다. 대체상품의 위력을 보여 준 좋은 사례가 애플의 아이튠즈iTunes였다. 제1부에서 언급했듯이 아이튠즈는 아이팟의 성공을 견인했고, 아이튠즈 스토어가 진화한 앱 스토어는 아이폰 시대를 열면서 오늘날의 애플이 있게 만든 신의 한 수였다.

mp3 플레이어 아이팟은 물리적 상품이고, 미디어 기기 관리 프로그램 아이튠즈는 대체상품이다. 아이튠즈는 사용자들을 아이팟이라는 기기에서 탈출시켰다. 즉, 경쟁상품들은 기기 안에 다운 받아 놓은 음악만 들을 수 있지만, 애플은 초월적 시공간에 라이브러리를 만들어 놓은 것이다.

또 다른 대체상품의 사례는 나이키 플러스Nike Plus다. 나이키 플러스는 신발에 들어가는 센서와 그 센서가 감지한 데이터를 스마트폰에 전송할 수 있도록 해 주는 무선접속기기, 그리고 스마트폰에 저장된 데이터를 인터넷에 간편하게 올릴 수 있는 소프트웨어 인터페이스로 구성된 상품이다.

센서는 사용자가 달리는 속도를 계산해서 데이터를 전송하고, GPS 기능을 활용해서 사용자가 달린 코스도 기록해 준다. 사용자는 그래프까지 곁들여 그간의 달리기 기록을 모두 확인할 수 있는데, 마치 모바일 게임을 하면 내 친구의 점수가 보이듯 다른 사람들의 기록과 비교해 볼 수 있는 소셜 기능도 넣은 것이다.

신발은 아날로그 상품이다. 즉, 시간과 공간의 제약을 받는 것인데, 센서와 소프트웨어를 더하니까 시간과 공간을 초월해 날아간다. 예를 들어, 멀리 있는 친구와도 달리기 시합을 할 수 있다. 꼭 같은 시간이 아니어도 상관없다. 시간과 공간은 달라도 기록으로 결과를 비교해 볼 수 있기 때문이다. 이렇게 나이키 플러스에서는 전 세계 어디에 사는 사람끼리든 커뮤니티community가 형성될 수 있다.

나이키 신발은 물리적 상품, 나이키 플러스는 대체상품이다. 나이키 플러스는 사람들을 시공간의 제약을 받지 않는 초월적 시공간으로 들어가게 해서 물리적 현실에서는 불가능했던 일들을 가능하게 하고, 모든 사람과 연결될 수 있는 소셜화를 이루고, 게임식의 마케팅으로 변모할 수 있게 해 준 것이다.

나이키 플러스는 2006년 애플과 제휴해서 만든 것인데, 사물인터넷을 접목한 웨어러블 기기의 효시라 할 수 있다. 이후 웨어러블 기술이 발전하면서 '나이키 퓨얼밴드Nike Fuelband'로 변모했고, 현재 나이키 플러스는 고객의 런닝 코칭 멤버십 프로그램인 '나이키+ 런 클럽NRC'으로 진화했다.

### 차별화를 넘어 차등화하는 방법

애플과 나이키의 대체상품 사례는 창의성의 힘을 보여 준다. 지금까지 대체현실은 사각지대였고, 대부분의 기업은 대체상품의 기획에 무심했었다. 날개 돋친 듯 팔리는 상품을 기획하고 싶다면 대체상품을 기획해 보시라. 대체상품은 물리적 상품에 날개를 돋게 만들어 시공간을 초월해서 날아오르게 해 준다.

과거에는 차별화differentiation가 마케팅 불변의 법칙으로 대접받았으나 이젠 그 정도만으론 안 된다. 차별화를 넘어 '차등화'해야 한다. 즉, 한 단계 높은 차원dimension으로 올라가는 브랜드에게만 메타버스 왕좌의 게임에 참여할 자격이 주어진다. 대체상품이 차등화의 위닝샷이 될 것이다.

대체현실의 개념은 게임에도 접목되어 마케팅의 한 기법으로 부상하고 있는데, 그것이 대체현실게임ARG : Alternate Reality Game이다. ARG는 메타버스를 입체적이고 역동적으로 변모시키는 뉴노멀로서 NFT와 함께 메타버스의 미래를 만들어 갈 것이다. 이에 대해서 챕터를 바꾸어 다음 장에서 논의하겠다.

비즈니스 생태계가 메타버스화되어 가면서 물리적 상품이 만들어내는 부가가치는 하락하는 반면 증강상품과 대체상품의 중요성이 커지고 있다. 산업시대 사물의 경제논리에서 벗어나 메타버스 시대에 걸맞는 정보의 경제논리로 무장하고, 지능을 장착한 입체적이고 역동적인 상품3.0 수준으로 업그레이드해야 한다. 게임의 법칙이 달라졌기 때문이다.

# 11장. 대체현실게임(ARG)의 귀환

## 진부해진 마케팅

2001년 스티븐 스필버그 감독의 영화 〈A.I.〉 스태프들이 영화를 어떤 식으로 마케팅할까 회의하다가 고민에 빠졌다. 전통적인 방법은 TV 등 매스미디어에 광고하고, 언론에 기사 퍼블리싱하고, 시사회 등 이벤트 프로모션하는 것인데, 웹 환경으로 변하면서 기존의 진부한 방식이 점점 먹히지 않게 되었기 때문이다. 그들의 표현처럼 고객들의 "뇌가 (어떤 마케팅 노력도) 원천 봉쇄해 버린다. 안 그러면 돌아버릴지도 모른다."

그래서 이들이 도출한 아이디어는 게임이었다. 게임식으로 마케팅을 벌이자는 데 동의한 스태프들은 광고대행사가 아니라 게임 설계자를 불렀다. 마이크로소프트에서 게임 개발을 총괄하던 조던 와

이즈먼Jordan Weisman에게 맡긴 것이다.

와이즈먼이 게임개발자의 길을 걷게 된 것은 '던전 앤 드래곤'의 영향 때문이었다고 한다. 1974년 퍼블리싱된 던전 앤 드래곤은 RPGRole Playing Game, 역할수행게임의 효시라 할 만한데, 여러 명의 게이머가 테이블에 둘러앉아 펜, 종이, 주사위를 가지고 즐기는 보드게임이다. '던전 마스터'가 게임의 룰을 정하고 하나의 세계와 스토리를 만들어 놓으면 플레이어들은 특별한 능력과 특성을 가진 캐릭터를 선택하는데, 인간이나 엘프 등 종족을 선택한 다음 전사나 마법사 등의 직업을 골라 각자의 역할을 수행하는 방식이다.

어릴 적 난독증으로 스토리 책을 읽기 힘들었던 와이즈먼에게 하계수련캠프 가서 했던 던전 앤 드래곤 게임은 색다른 경험이 되었고, 이 경험이 인생의 진로를 결정했던 셈이다. 〈A.I.〉의 마케팅 게임 설계를 맡은 와이즈먼은 던전 앤 드래곤의 원리를 적용해서 고객들을 게임 플레이어로 참여시키는 MMORPG 소셜 게임을 기획했다.

다중접속 역할수행게임으로 번역되는 MMOPRPG는 'Massively Multiplayer Online Role Playing Game'의 축약어로서, 게임 마스터가 만든 세계관과 룰에 따라 다수의 플레이어가 동시에 게임에 참여해서 각자의 역할을 맡아 미션을 수행하는 게임의 한 장르다. 디지털과 인터넷 시대가 되면서 RPG에 수천, 수만 명도 동시에 모일 수 있게 되었는데, 메타버스의 작동 원리도 여기서 발원한다.

### 영화 〈A.I.〉의 대체현실게임

영화 〈A.I.〉를 홍보하기 위해 기획한 게임은 '비스트The Beast'라고 이름 붙인 대체현실게임ARG : Alternate Reality Game이었다. 게임의 구성은 이렇다. 홍보팀은 영화 예고 트레일러를 만들어 방송하면서 스태프들의 이름이 죽 나오는 엔딩 자막에 모호한 글자 하나를 삽입했다. 'Sentient Machine Therapist - Jeanine Salla'라는 것이었는데, 사람들은 '감각기계 치료사'라는 처음 들어 보는 직함을 검색해 본다. 검색 결과 2142년 살라가 근무하는 방갈로 대학교의 홈페이지를 발견한다.

2142년은 〈A.I.〉 영화 속 설정 시간이고, 감각기계 치료사 살라는 가상의 게임캐릭터다. 또 한편으로는 영화 홍보 포스터 안에 은근슬쩍 전화번호를 삽입했다. 전화번호를 발견한 사람들이 전화를 걸면 역시 살라에게 연결된다. 미리 계획된 별도의 전화번호를 개설해서 사람들을 게임 속으로 끌어들인 것이었다.

트레일러 자막이나 포스터의 전화번호 등과 같은 시작점을 'trailhead'라 부른다. 쉽게 말해 사람들을 낚는 미끼다. 예를 들어, '선영아 사랑해'라는 글씨가 적힌 포스터가 벽에 붙어 있는 것을 보면 "저게 뭐야?" 하면서 검색해 볼 것이다. 검색해 본 사람들은 시계토끼를 쫓아가던 앨리스처럼 토끼굴rabbit hole에 빠지게 된다. 토끼굴 속 세상은 대체현실이고, 거기에서부터 이상한 나라로의 여행이 시작된다.

방갈로 대학의 홈페이지가 대체현실이었다. 대체현실에 빠진 사람들은 살라의 친구인 에반 챈이 암살당한 사건을 함께 풀어 간다. 탐정 놀이가 시작된 것이다. 본격적인 게임이 진행되는 대체현실에는 미리 기획된 게임캐릭터들이 대기하고 있고, 곳곳에 퍼즐과 지령, 그리고 단서들이 숨겨져 있다. 이렇게 현실과 가상의 세계를 넘나들면서 참여자들과 함께 단서를 찾아내고 서로 퍼즐 맞추듯이 정보를 교환하면서 사건을 함께 해결해 가는 플롯이다.

이것을 대체현실게임ARG : Alternate Reality Game이라 부르는데, 대체현실이란 증강현실이나 가상현실과는 다른 개념이다. 증강현실과 가상현실을 보면 저것은 디지털화된 것이라고 바로 인식할 수 있지만, 대체현실은 진짜인지 가짜인지 분간하기 어렵다는 특징이 있다. 즉, 시간과 공간이 초월meta되는 것이다.

대체현실게임은 현실세계오프라인와 게임의 경계를 모호하게 만들면서 사람들을 몰입시키는 기법이다. 일반인들을 게임의 플레이어로 참여시켜서 웹 사이트, 이메일, 휴대폰, 앱, SNS, 그리고 게임 속 캐릭터들과의 대화 등의 방법으로 함께 퍼즐을 맞추고 암호를 해독하고 보물찾기를 하는 소셜 게임이다.

이같이 ARG는 덫trailhead, 토끼굴rabbit hole, 캐릭터character, 분산된 이야기 조각deconstructed narrative 등의 요소로 구성되어 있다. 플레이어일반인들이 게임캐릭터들의 도움과 집단지성을 활용해서 분산된 이야기 조각들을 다시 조합하고 과제를 수행하는 방식이다.

### 게임의 본질은 서사다

"This is not a game.이건 게임이 아니다." 이 말은 당시 '비스트' 스태프가 한 말이다. 흔히 '게임' 하면 PC게임이나 모바일 게임 등의 이미지를 연상하지만, 게임의 본질은 스토리텔링이다. 그렇다면 게임은 스토리텔링과 관련된 무엇과도 융합될 수 있다. 영화와 융합되기도 하고 교육이나 여행도 게임식으로 변하고 있다. 비즈니스도 게임이다.

조던 와이즈먼은 게임개발자지만, 그가 관심을 가졌던 것은 화려한 컴퓨터 그래픽이 아니라 스토리텔링이었다. 즉, 다른 사람들과 함께 만들어가는 인터랙티브 서사敍事, narrative다. 메타버스의 본질도 3D 그래픽이나 게임 CG 등이 아니라 서사에 있다.

호모 사피엔스는 이야기를 좋아하는 서사적 인종이다. 이를 '호모 나랜스Homo Narrans'라 호칭하는 학자들도 있다. 오래전부터 전 세계 모든 지역에서 신화, 설화, 전설, 민담이나 민요 등이 만들어져 구전되어 왔고, 그 심층구조가 소설, 희곡, 영화 등으로 전승된 것이 서사문학의 족보다. 요한 호이징거가 말한 놀이하는 인간, 호모 루덴스homo ludens도 동일한 맥락이다.

디지털과 인터넷이 전 지구인들이 함께 모일 수 있는 초월적 시공간을 만들었고, 함께 이야기를 나누고 함께 스토리를 만들어 가는 일이 가능해졌다. 이 서사 공간이 바로 메타버스다. 제3부 1장에서 예를 든 SMCU는 SM엔터테인먼트가 에스파 등을 활용한 ARG를 위해 구축한 초월적 서사 공간이다. ARG는 메타버스와 동일한 구조와 동일한 유전자를 가지고 있다. 메타버스형 소셜 게임이라 부를 수도 있겠다.

2001년 〈A.I.〉의 성공 이후 '대체현실게임'이라는 용어와 장르가 미국에서 사회적 주목을 받기 시작한다. 〈A.I.〉가 ARG의 효시는 아니다. 1990년대 몇 차례 시도되었지만, 인터넷 전용선 등 인프라가 구비되지 않았고, 웹 생태계도 초기 단계였던 터라 크게 빛을 못 보다가 2000년대 들어 부상한 것이다.

### 대체현실게임의 사례들

이후 ARG 기법을 활용한 수많은 마케팅 성공사례들이 이어졌다. 2001년 미국 NBC 방송도 이중 스파이 스토리인 드라마 〈앨리어스〉에서 주소URL를 흘리면 시청자들이 웹 사이트로 몰려가 함께 문제를 푸는 ARG를 시도한 바 있다. 2004년에는 마이크로소프트의 게임 'Halo2'를 마케팅하기 위해 'I Love Bees' ARG가 기획되었는데, 릴레이 전화를 받으려고 허리케인이 오는 것도 무릅쓰고 지정된 GPS 위치의 공중전화기 앞에서 기다리는 사람이 뉴스에 나왔을 정도로 큰 반향을 일으켰다.

또, 미국 아우디는 2005년 신차 A3 모델을 출시하면서 'The Art of the Heist절도의 기술'라는 탐정게임식의 ARG를 통해 기존의 1/3 정도의 마케팅예산으로 큰 성공을 거두었다. 자동차 전시관에서 도난당한 A3를 고객들과 함께 찾아가는 플롯인데, 'The Last Retrieval'이라는 도난예술품을 찾아 주는 가상의 전문회사를 설립하고, 신문에 회사광고도 하고 웹 사이트가 실제처럼 만들어져서 사람들이 진짜 존재하는 줄 착각할 정도였다. 미국의 한 정부 기관과 소니사가 라스트 리트리벌에 실제로 사건을 의뢰하려 했다는 웃지 못할 에피소드를 남길 만큼 성공적인 ARG였다.

TV 드라마 〈로스트〉의 ARG 'The Lost Experience' 역시 숱한 화제를 뿌렸으며, 나인 인치 네일즈는 콘셉트 음악앨범인 'Year Zero'를 내면서 ARG 기법을 활용한 마케팅 전개로 전 세계적인 성공을 거두었다.

### 수상한 메일

역대급의 ARG는 2008년 미국에서 개봉된 배트맨 영화 〈다크나이트〉를 홍보하기 위해 기획된 'why so serious'였다. 이 게임은 다음과 같은 수상한 메일 한 통에서 시작되었다.

> "Heads up, clown! Tomorrow means that there's one last shifty step left in the interview process : Arwoeufgryo"
>
> "정신차려, 얼간아! 내일은 면접의 마지막 shifty 단계를 후딱 해치워야 한다고 : Arwoeufgryo"
>
> **– 발신인: humanresources@whysoserious.com**
>
> **– 발신일자: 2007.12.3. 2pm**

와이소시어리어스 회사의 인사담당자가 내일 면접 보러 오라고 메

www.whysoserious/steprightup의 원숭이 인형 사진
다음 날 12시에 종료되도록 타이머가 세팅되어 있다.

12월 4일 12시부터 벌어진 동물카니발 게임

**〈자료 4-3 : 원숭이 인형 사진과 동물카니발 게임 화면〉**

일을 보낸 것 같은데, 'shifty'라는 알쏭달쏭한 단어와 'arwoeufgryo'라는 이상한 암호가 들어 있다. "이게 뭐지?" 사람들은 온라인 토론방 등에서 서로 의견을 주고받으며 암호 해독에 열을 올린다. 결국 'arwoeufgryo' 각 글자의 자판을 하나씩 옆으로 옮겨[shift] 치면 'steprightup'이 된다는 걸 알게 되고 www.whysoserious/steprightup 웹 사이트를 발견한다.

메일을 받은 사람들이 그 사이트에 몰려갔더니 위장이 밖으로 튀어나온 원숭이 인형 사진 한 장이 달랑 있고, 그 아래에는 째깍째깍 타이머가 작동하고 있는데, 다음 날인 12월 4일 정오에 종료되도록 세팅되어 있다.

“이건 또 뭐지?” 사람들은 타이머가 종료될 때까지 기다린다. 다음 날 12시 타이머가 종료됨과 동시에 화면이 동물카니발 게임으로 바뀌고, 게임에서 이긴 사람에게는 22개의 곰 인형 속에 숨겨져 있던 주소와 지령이 주어진다. 종이쪽지에 쓰여 있는 지령은 이런 것이다.

“I’ve left a very special treat at each location below, held under the name Robin Banks. Only one per location, first come, first served. Keep a low profile.
Do NOT call these locations, that’s not part of the plan.
Time for what you’ve been waiting for. 1-2-3 Go!”
“내가 어떤 특별한 물건을 Robin Banks라는 이름으로 아래 주소에 맡겨 놓았다. 제일 먼저 도착하는 한 사람만이 그 물건을 가질 수 있다. 보안을 유지해라.
절대 그리로 전화해서는 안 된다. 계획에 어긋나거든.
네가 기다리던 시간이 되었다. 하나, 둘, 셋, 출발해!”

그 주소는 미국 전역 22개 지역에 위치한 베이커리 매장의 주소였다. 가장 먼저 도착한 사람은 로빈 뱅크스라는 사람이 맡겨 놓은 물건을 받았는데, 케이크였다. 케이크 위에 전화번호가 쓰여 있고, 그 번호로 전화하라는 메시지가 보인다. 전화를 걸었더니 케이크 안에서 벨소리가 울리고, 케이크를 파헤치니 비닐봉지 안에 들어 있는 휴대폰과 충전기, 그리고 조커 카드와 새로운 지령이 적혀 있는 종이쪽지가 있다. 쪽지에 적힌 지령대로 전화를 걸었더니 이번엔 음성메시

〈자료 4-4 : 영화 다크나이트 포스터〉

지가 들린다.

"Thank you for calling Rent-a-Clown! Now we know who you are!"
"전화해 줘서 고마워, 얼간아! 우리는 네가 누군지 알고 있다."

또, 전화를 한 사람은 와이소시어리어스 회사의 인사담당자로부터 이메일을 받는다.

"Good work, clown! Keep this phone charged and with you at all times. Don't call me, I'll call you...eventually."
"잘했어, 얼간이! 이 휴대폰을 항상 충전 상태로 휴대하고 있어야 해. 나한테 전화해서는 안 된다. 내가 너에게 전화할 거야."

이 미션을 충실하게 수행한 사람들은 유명인사들과 슈퍼 블로거들이 참석하는 아이맥스 영화관 파티에 초대되었다. 무슨 007작전 같이 진행된 이 게임은 2008년 개봉된 〈다크나이트The Dark Knight〉를 홍보하기 위한 마케팅 프로그램이었다.

### 조커와 벌인 ARG

2008년 개봉되어 공전의 흥행기록을 달성한 이 영화는 고담Gotham이라는 가상의 도시에서 배트맨, 지방검사인 하비 덴트, 짐 고든 형사 vs 조커 간에 벌어지는 스토리다. 영화는 조커와 그 일당이 은행을 터는 장면으로 시작되는데, 위의 게임에서 케이크를 맡겨 놓았다는 로빈 뱅크스Robin Banks라는 사람의 이름은 은행 털기Rubbing Banks를 살짝 비튼 작명이었다.

2007년 12월 3일 오후 2시에 이메일 발송으로 시작한 이 게임은 실은 그해 5월부터 치밀하게 준비되고 있던 기획물이었다. 5월 17일 www.ibelieveinharveydent.com이라는 영화 속 지방검사인 하비덴트를 지지하는 웹 사이트가 오픈됐고, 바로 이틀 후인 5월 19일 조커 일당이 www.ibelieveinharveydenttoo.com이라는 패러디 사이트를 만든다. 그러고는 캘리포니아 주 서점에 "I believe in Harvey Dent too! Hahahaha!" 라는 스탬프가 찍혀 있는 조커 카드를 배포한 것이다. 사람들은 검색하기 시작했고, www.ibelieveinharveydenttoo.com 사이트를 발견한다.

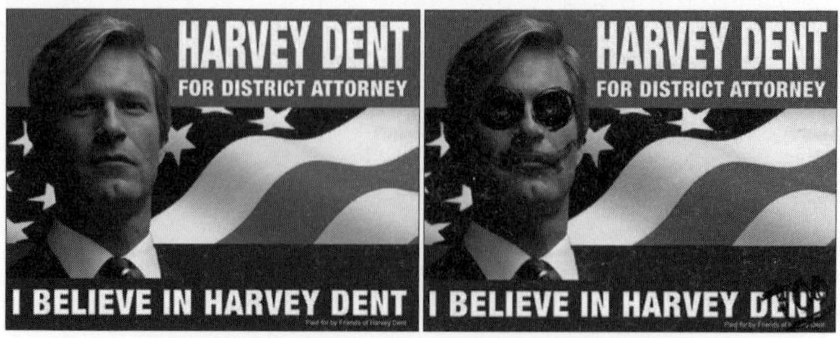


www.ibelieveinharveydent.com 화면　　www.ibelieveinharveydenttoo.com 화면

캘리포니아주 서점에 뿌려진 조커 카드

**〈자료 4-5 : 웹 사이트와 조커 카드〉**

조커가 개설한 이 사이트에 가서 이름과 이메일만 적으면 조커의 추종자가 되어 악당 게임에 동참할 수 있게 된다. 한 사람 신청할 때마다 뿌연 조커 사진의 픽셀이 하나씩 벗겨지고, 신청이 완료되면 조커의 얼굴이 선명하게 나타난다. 신청자들은 tragicpast@ibelieveinharveydenttoo.com이라는 발신인으로부터 이런 이메일을 받았다.

"I always say, you never know what a man is truly made of until you peel the skin off his face one piece at a time. Here is your chance to help."

〈자료 4-6 : 드러난 조커의 얼굴〉

"내가 늘 말했듯이, 인간은 얼굴 껍질을 다 벗길 때까지는 진짜 무엇으로 만들어졌는지를 모른다. 여기 나를 도와줄 기회가 있다."

그리고 5월 21일 조커의 사이트는 "See you in December, HaHaHaHa"라는 메시지와 조커의 웃음소리로 도배되면서 폐쇄된다. 12월 3일 날아온 이메일은 5월에 조커의 추종자가 되겠다고 신청한 사람들에게 발송된 것이었고, 조커의 추종자와 하비덴트 검사의 지지자 간의 사전 게임이 벌어졌던 것이다.

**"뭐가 그리 심각해?"**

이것은 '와이소시어리어스' ARG의 일부다. 개봉 전 약 1년 반 동안 진행되었는데, 당시 수십 개의 웹 사이트가 만들어졌고, 벽화와

〈자료 4-7 : 영화 다크나이트의 ARG 'why so serious'〉

포스터, 이메일, 광고, 플래시몹flash mob, 휴대폰, 웹 사이트, 블로그와 SNS 등의 경계를 넘나들면서 고객들과 함께 소셜 게임을 벌인 대작이었다.

당시 미국 언론들은 "whysoserious.com은 곧 개봉될 새 배트맨 영화 다크나이트와 관련해 기묘한 일들이 벌어지는 사이트로 알려졌다. … 최종적으로 전 세계에서 1000만 명이 넘는 사람들이 수수께끼와 퍼즐, 보물찾기 등이 연이어 쏟아지는 배트맨이라는 69년이나 된 스토리의 새로운 장에 빨려 들었다"며 찬사를 아끼지 않았는데, 《콘텐츠의 미래》의 저자 프랭크 로즈는 '와이소시어리어스' ARG를 이렇게 평가했다.

"새로운 형태의 쌍방향 픽션으로서 허구와 현실뿐 아니라 엔터테인먼트와 광고의 경계도 모호하게 만들었다. … 대체현실게임으로 알려진 이런 경험은 게임과 스토리가 한데 어우러진 혼합물이다. … 한 사람이 해결하기에는 워낙 복잡한 작업이다. 하지만 웹의 응집력 덕분에 집단이성이 출현하고 그 조각들을 조립해 미스터리를 해결하며, 온라인을 통해 스토리를 퍼뜨리고 재생산하는 과정이 되풀이된다. 궁극적으로 관객은 스토리의 주인이 된다. 영화만으로는 불가능한 방식이다."

**-《콘텐츠의 미래》 30-31쪽**

이처럼 대체현실게임은 고객들을 참여시켜서 함께 TV, 웹 사이트, 스마트폰, SNS, 오프라인 등의 경계를 넘나들면서 게임의 스토리 전개가 이루어지는 방식이다. ARG의 핵심원리는 위키wiki와 트랜스 미디어trans-media다. 즉, 함께 미디어의 경계를 넘나들면서 즐기는 것이다. 그래야 집단지성이 발현되고 현실세계와 대체현실의 경계가 모호해지면서 그 효과가 증폭될 수 있다.

### 교육에 생기를 불어넣는 ARG

교육에도 ARG의 원리가 적용되었다. 2007년 미국 Independent Television ServiceITVS가 실시한 'World Without Oil'은 매우 성공적인 사례였다. 석유의 고갈은 곧 닥칠 수 있는 재앙인데, 사람들에게 그 심각성을 환기시키고 대책을 토의할 수 있도록 ARG 기법으로 기획한 교육 프로그램이다.

석유가 없는 세상은 생각만 해도 끔찍한 시나리오다. 그것을 상상하게 해 보고, 그렇게 된다면 우리의 삶이 어떻게 변할까, 미리 그러한 재앙에 대비할 수 있는 방법은 무엇일까 등을 플레이어들이 글이나 사진, 영상들을 올려 서로 의견을 교환할 수 있게 하는 장치를 만든 것이다.

이 프로그램은 고등학교에서도 실시했는데, 교사들이 게임 마스터 역할을 담당하고 학생들은 미리 준비된 교안과 가이드라인에 따라 분산되어 있는 정보 조각들을 찾아내고 조합해 감으로써 석유 없는 세상 시나리오를 직접 몸으로 느낄 수 있도록 한 것이었다.

이러한 게임식 교육은 환경변화, 에너지 문제, 역사, 지리, 시사, 경제 등이 융합된 것이고, 단지 일방적으로 배우는 것만이 아니라 스스로 문제를 찾아내고 집단지성을 활용하여 해결할 능력을 배양시켜 줄 수 있다는 장점이 있다.

영국의 한 대학에서는 이런 가상의 시나리오를 만들었다. 리버럴 아트 칼리지Liberal Arts College에 '르네상스 시대의 예술과 음악'이라는 강좌가 있는데, 학생들이 수강 신청하면 매드 잭Mad Jack이라는 사람이 수강생들에게 이런 이메일을 보낸다.

"대학 음악역사박물관에 있는 17세기의 'viola da gamba'가 도난당했다. 내가 절도범이며, 캠퍼스 어딘가에 이 악기를 숨겨 놓았다. 그것을 찾아라."라는 내용이다. 그런데 박물관 카탈로그에는 악기에 대한 설명은 있으나, 사진은 없다. 이때부터 학생들과 매드 잭 간의 게임이 시작된다.

학생들은 그룹을 나눠 오프라인·온라인 토론방에서 정보를 주고받으면서 악기를 추적한다. 이탈리아 박물관의 웹 사이트를 찾아보기도 하고, 대학신문을 뒤져 그 악기의 기증역사와 행적을 추적하기도 하면서 팀 간 경쟁을 벌인다. 전체 심포지엄 시간에는 매드 잭의 음성이 스피커를 통해 흘러나온다.

"야, 이 멍청한 굼벵이들아! 너희들 기다리느라 내 천재성이 날아가겠다."

그러면서 매드 잭이 곳곳에 —대학도서관, 온라인데이터베이스, 커피숍 등— 숨겨 놓은 힌트를 주고, 학생들은 음성메시지, 단서 등을 추적하면서 학기가 끝날 때까지 악기를 찾는 것이다. 악기를 찾는 위너에게는 보상이 주어진다.

이와 같은 ARG 방식은 단지 책으로 배우고 암기해서 시험 치는 것과는 비교할 수 없는 교육 효과를 가져올 수 있다. 르네상스 시대의 예술과 음악에 대해 스스로 찾아 가다 보니 진짜 지식을 얻을 수 있을 뿐 아니라, 연구 리서치 방법, 다른 학생이나 교수들과의 협업과 소통법 등에 대해 체득하게 되는 효과를 낳는 것이다.

게임식으로 학습하는 G러닝은 학생들의 자발적인 몰입도가 높기에 학습효과가 뛰어날 수밖에 없다. 이처럼 교육이 게임을 만나면 시너지 효과를 일으킬 수 있는 것이다.

### 대체현실게임과 메타버스가 만났을 때

2000년대 많은 ARG가 시도되었던 데에는 몇 가지 시대적 상황이 있었다. 첫째는 앞서 말했듯이 대중매체를 통한 광고효과가 현격히 하락했기 때문이다. 인터넷의 영향이다. 둘째는 참여·공유·개방의 웹2.0 환경으로 변하면서 쌍방향적interactive 대화형 마케팅이 가능해졌다. 마케팅 방식도 마케팅1.0에서 마케팅2.0으로 진화한 것이다. 린든랩의 소셜 게임 '세컨드라이프'가 성공을 거뒀던 것도 이런 트렌드 덕분이었다.

그러다 스마트폰 시장이 열리면서 ARG에 대한 열기가 식는다. 〈자료 4-8〉은 구글 트렌드에서 'alternate reality game'의 검색량을 조회한 결과 그래프인데, 2000년대 중반 최고조의 관심을 보이다가 2009년 이후 수그러드는 것을 볼 수 있다. 이는 'second life'의 검색추이와 비슷하다. 마치 공동운명체 같다.

왜 스마트폰이 나오면서 ARG 열기가 식고 세컨드라이프는 몰락했을까? ARG는 대체현실게임이고, 세컨드라이프는 가상현실게임이라는 차이점은 있지만, 둘 다 소셜 게임이라는 공통점이 있다.

스마트폰 생태계가 조성되면서 소셜 미디어인 SNS 플랫폼들이 급격히 늘어났다. 페이스북, 트위터, 유튜브 등 외에 ARG의 원리가 접목된 포스퀘어나 옐프와 같은 위치기반 SNS도 나왔고, 왓츠앱이나 카톡 등의 메신저 기반의 SNS, 핀터레스트나 인스타그램 등의 이미지 기반 SNS, 틱톡 같은 짤방 위주의 SNS 등 형태나 방식도 다양화되면서 봇물 터지듯 쏟아져 나왔던 것이다.

SNS도 소셜 게임이다. 기업 입장에서는 별도의 ARG를 기획하는 것보다는 소셜 플랫폼을 활용하는 것이 비용이나 효과 측면에서 유리했을 것이다. 제1부 3장에서 언급했던 세컨드라이프의 실패도 스

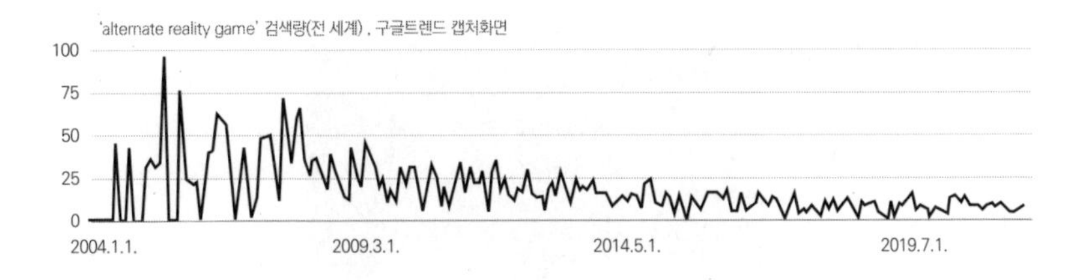


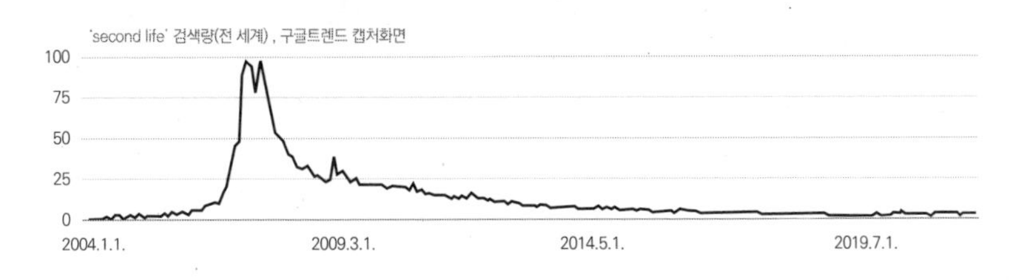


**〈자료 4-8 : 'ARG'와 'second life' 검색트렌드〉**

마트폰으로 인한 SNS의 활성화에서 직접적인 원인을 찾을 수 있다.

그러나 메타버스 시대가 본격화되면 양상이 달라지게 된다. SNS와 같은 소셜 미디어들은 위기감을 느끼고 있다. 사람들의 SNS에 대한 피로도가 늘고 있고, 평면적인 형태에 흥미를 잃어 가고 있기 때문이다. 페이스북이 메타로 사명까지 바꾸면서 메타버스에 올인하는 이유도 여기에 있다.

세컨드라이프는 포트나이트, 로블록스, 제페토 등의 모습으로 부활했다. 세컨드라이프가 문을 닫은 지 10년도 되지 않아 꺼진 줄 알았던 불씨가 2019년경부터 다시 지펴진 것이다. 그럴 수밖에 없는 게 세컨드라이프와 이들의 심층구조deep structure는 동일하기 때문이다.

**〈자료 4-9 : SDF에서 강연하는 닐 스티븐슨〉**

ARG 역시 웹3.0 메타버스 생태계로 변하면서 귀환할 것이다. 단정하는 근거는 ARG의 뿌리가 MMORPGMassively Multiplayer Online Role Playing Game, 다중접속 역할게임이고, 게임식 마케팅gamification은 거스를 수 없는 메가 트렌드이기 때문이다.

메타버스와 아바타의 개념을 소개한 《스노 크래시》의 작가 닐 스티븐슨은 2021년 11월 열린 SBS D포럼SDF에서 메타버스의 두 축을 MMORPG와 소셜 미디어라고 정리했다. MMORPG가 진화한 형태가 ARG다. 그러니까 메타버스는 ARG의 원리가 접목된 소셜 미디어라고 정의할 수 있는데, 쉽게 말해 기존 평면적인 2D 형태의 SNS에 ARG가 적용되어 입체적이고 역동적으로 변하는 것이 메타버스라는 얘기다.

ARG는 메타버스를 역동적으로 작동케 하는 원리이고, 메타버스의 뉴노멀이다. 메타버스 플랫폼들이 활성화되면 현실세계와 대체현실을 넘나드는 게임방식의 마케팅이 다시 각광받게 될 것이다.

스마트폰 등장과 함께 페이드아웃되었던 ARG가 메타버스에 귀환하고 있다.

### 소설이야, 게임이야? 《캐시스북》

메타버스는 ARG를 펼칠 수 있는 최적의 환경을 제공한다. ARG가 메타버스에 어떻게 접목될 수 있을지 두 가지 사례를 들어 보겠다. 하나는 소설책 《캐시스북》이고, 또 하나는 드라마 〈오피스〉다. 둘 다 2000년대 중반 ARG 기법으로 기획되었던 콘텐츠인데, 이를 메타버스에서 어떻게 재현할 수 있을지 생각해 보자.

2006년 미국에서 출판되어 미국, 영국 등 10여 개국에서 베스트셀러가 된 《캐시스북》은 '캐시'라는 여고생이 자신의 악동 남자친구인 빅터에게 버려지고, 빅터를 추적하는 도중 실종되면서 중국 신화의 세계와 고도로 테크니컬한 악행들, 그리고 불멸의 영적 세계에 빠져드는 등 캐시의 모험을 그린 미스터리 소설이다.

캐시스북은 다른 종이책과는 달리 텍스트뿐 아니라 여백에는 캐시의 낙서, 삽화, 친구 엠마에게 자신이 어디에 있는지의 단서가 될 수 있도록 보내는 메모 등으로 꾸며져 있고, 증거 자료집evidence package을 별첨 부록으로 만들어서 사진, 친필 편지, 사망증명서 등의 단서를 담아 놓아 독자들이 소설의 미스터리를 함께 풀어 갈 수 있도록 구성했다.

또한, 표지에는 "If Found Call 650-266-8233"이라고 전화번호

〈자료 4-10 : 소설책 캐시스북〉

가 쓰여 있는데, 전화를 걸면 소설 속 캐릭터들의 음성이 들리고, 또 웹 사이트를 별도로 만들어서 독자들이 서로 단서에 대한 의견을 교환하면서 집단지성을 활용할 수 있도록 하는가 하면, 주인공인 캐시와 엠마는 SNS인 마이스페이스에 자신들의 계정을 만들어 독자들과 대화를 나눌 수 있는 장치들을 준비했다. 또, 모바일 앱까지 만들어 입체적이고 역동적으로 상품을 구성했다.

이와 같은 기획은 메타버스에서 더 수월하게 이루어질 수 있다. 메타버스 곳곳에 증거자료집을 숨겨 놓고, 소설 속 주인공들의 아바타를 배치하고 대화할 수 있게 하면 된다. 굳이 웹 사이트나 앱을 별도로 만들어 고객들에게 다운 받으라고 강요할 필요도 없다. 기업으로서는 비용을, 고객 입장에서는 시간과 수고를 절감할 수 있는 것이다. 메타버스는 스마트폰 안에 있던 SNS 등 소셜 플랫폼들을 대체할 수 있다.

BTS 등 아이돌그룹들이 독특한 세계관을 구축하고 메타버스 플랫폼에 들어가는 것도 이런 맥락이다. 이제 콘텐츠만으로 승부하던 시대는 지났다. 더 중요한 건 팬들과의 소통이다. ARG의 원리를 접목한 게임 기획이 필요한 이유다.

### 기발한 드라마 〈오피스〉

또 하나의 사례는 미국 NBC에서 방영했던 인기 모큐멘터리Mockumentary 코미디 TV 시리즈 〈오피스〉다. 〈오피스〉는 던더 미플린이라는 가상의 제지회사에서 일어나는 에피소드들을 다룬 시트콤이었다. 드라마 속의 던더 미플린 회사는 펜실베이니아 주 스크랜턴에 소재하는데, 실제로는 오프라인 사무실이 없는 가상의 회사다.

그런데 스크랜턴에 가면 길거리에 던더 미플린의 깃발과 광고물들을 걸어 놓아 마치 존재하는 회사인 듯한 인상을 받게 했다. 더 흥미로운 사실은 던더 미플린의 홈페이지를 만들어 놓고 실제 회사처럼 운영했다는 점이다.

100개의 지사가 있고, 던더 미플린의 홈페이지에서 신청하면 직원으로 입사할 수 있다. 물론 가상직원이지만 부서 배치도 받고 출근부도 있고, 성과급 제도나 승진 규정도 매뉴얼화되어 있다. 직원들은 매주 과제를 부여받고 대가로 슈루트극 중 인물 보상금을 지급받는다. 그 돈으로 도요타, 마스터카드 등의 가상상품을 구매할 수도 있고, 성과가 좋으면 최우수 지점, 최우수 직원으로 선정되기도 했다. 극 중에서 2010년 던더 미플린은 세이버Sabre와 합병되었는데, 그때 가상직원의 수가 무려 26만 명이나 되었다고 한다.

더 기발한 아이디어는 2010년 던더 미플린 브랜드를 미국의 유명 문구회사인 스테이플Staples에 일정의 로열티를 받고 라이센싱해 주었다는 것이다. 즉, 드라마 속 던더 미플린 가상브랜드의 상품이 현실세계에서 실제로 판매된 것이었다.

드라마 〈오피스〉는 물리적 상품이고, 던더 미플린 홈페이지는 대체상품이다. 이를 메타버스에 접목하면 훨씬 폭발력을 가질 수 있다. 던더 미플린의 홈페이지를 따로 만들지 않고 메타버스에 가상회사를 세우면 된다. 제4부 1장에서 예를 들었던 직방의 메타폴리스 같은 공간이다. 여기서 직원도 뽑고 일도 하고 보상도 해 주는 게임을 벌이는 것이다. 또 드라마를 꼭 TV를 통해 볼 이유도 없다. 메타버스에서 상영할 수도 있고, 드라마만으로 보여 주지 못했던 재미있는 NG 모음이나 뒷이야기 등의 에피소드도 공유할 수 있다.

### 미국 NBC의 'TV 360' 실험

〈오피스〉는 미국 NBC의 'TV 360' 정책에서 나온 것이었다. 당시 미디어업계의 판도가 달라지면서 기존 TV 방송국들은 광고 수익의 하락을 걱정하지 않을 수 없는 상황이었다. 2006년 NBC는 'TV 360'이라는 새로운 정책을 발표했는데, 1990년대 들어 웹이 등장하면서 공중파 TV의 위기가 시작된 데다가 2000년대 들면서는 ABC나 CBS 등 경쟁사에 밀린 것이 그 계기가 되었다.

'TV 360'은 한마디로 스크린을 박차고 나오겠다는 것이다. 그리고 360도 전후좌우로, 즉 전방위적으로 웹, 모바일, SNS, 게임 등의 플랫폼을 넘나들면서 TV 스크린 안에서 보여 줄 수 없었던 입체적인 사용자경험UX을 제공하겠다는 의지의 표현이었던 것이다. 당시 NBC는 이런 얘기를 했다.

> "지금까지 느껴 보지 못한 최고의 몰입도를 자랑하는 텔레비전 경험을 확대하고, 관련 커뮤니티를 구축할 것이며, 이를 위해 웹의 힘을 이용하겠다. … 시청자들만 방송과 케이블, 인터넷 등 복수의 플랫폼을 넘나들도록 이끌겠다는 게 아니라 광고주들 또한 동참할 수 있게 하겠다."

드라마, 뉴스, 연예 등과 같은 프로그램은 NBC의 물리적 상품이다. 그것들은 TV 수상기라는 한정된 공간에서 정해진 시간편성표에 의해 유통된다. 넷플릭스의 창업자 리드 헤이스팅스의 표현대로 리니어linear TV이다. 틀 안에 머물러 있다가는 결국 OTT나 소셜 플랫폼에 프로그램 제공자로 전락하게 될 것이다. 시간과 공간이 한정되어 있는 스크린을 깨고 나오겠다, 이것이 'TV360'의 콘셉트다.

TV360 일환으로 2006년 드라마 〈히어로즈〉를 방영하면서 매 에피소드가 끝날 때마다 온라인에 만화를 업로드했는데, 후에 이것이 그래픽노블로 출판되기도 했다. 코멘터리제작진과 출연진의 인터뷰 동영상을 제작해서 웹 사이트에 올리고, 'Heros 360'이라는 소규모의 ARG도 기획했다.

'TV 360'은 대체상품의 좋은 예다. 물리적 상품인 드라마는 스크린 안에 머물러 있으면 그 안에서 수명을 다하지만, 날개를 달고 초월적 시공간으로 나와 대체상품과 결합해서 시너지를 일으키면 더 큰 수익을 가져다줄 수 있는 것이다.

넷플릭스는 ARG에 적극적이다. 〈좋아하면 울리는〉은 ARG가 접목된 드라마다. 좋아하는 사람이 반경 10m 안에 들어오면 알람이 울리는 '좋알람' 앱을 개발하고, 알람을 통해서 마음을 표현하는 내용인데, 10대들의 큰 호응을 얻었다. 또 〈고요의 바다〉는 사전에 달 탈출 게임을 기획했는데, 여의도에 체험존을 만들고 앱으로는 암호를 풀고 달 탈출을 체험할 수 있도록 캐릭터나 이야기 조각 등 장치를 마련했다.

이제 상품은 닫혀 있는 공간, 즉 스튜디오나 공장에서 만들어지는 것이 아니라 열린 광장open platform에서 소비자와 함께 만들어진다. 비즈니스 패러다임의 근원적인 전환이 일어나고 있는 것이다. 그곳이 메타버스이고, 시공간의 경계를 깨뜨리고 울타리 너머의 새로운 차원으로 들어가게 만드는 게 대체상품이다.

## 광고의 종말

광고의 역사는 길지 않다. 광고는 산업혁명의 산물이다. 광고는 산업혁명 이후 신문, 잡지, 라디오, TV 등 미디어media가 만들어지면서 고안된 대량커뮤니케이션 수단이다. 그러나 무차별적이고 일방통행식인 광고는 더 이상 유효하지 못하다. 그것은 이미 웹2.0 시대 들면서부터 나타났던 조짐이고, 웹3.0 메타버스 시대가 본격화되면 광고는 종말을 맞이할 수도 있다.

이는 플랫폼기업들에게 위협요인이다. 플랫폼기업의 주 수익원은 광고이기 때문이다. 페이스북이 회사명을 바꾸면서 메타버스로 향하는 속사정도 이것이다. 메타는 사용자들의 데이터를 기반으로 한 맞춤형 광고로 돈 버는 회사다. 그런데 광고에 대한 기대감은 갈수록 식어 가고, 광고효과도 급하락하고 있다. 광고주들은 브랜드 이미지 높이는 막연한 광고보다 직접적이고 현실적인 성과형performance 광고를 선호한다.

커뮤니케이션은 인류의 본능이기 때문에 광고의 심층구조는 변하지 않는다. 그러나 메타버스에서 광고의 표피구조는 달라진다. 미디어container를 구매해서 거기에 메시지contents를 담아 송출하는 광고는 곧 사라질 것이다. 그런 분리적이고 순차적인 방식은 메타버스 게임의 법칙에 위배되기 때문이다. 미디어와 메시지의 경계도 사라지면서 융합이 일어나고, 물리적 현실과 대체현실을 넘나드는 역동적이고 입체적인 미래모습을 ARG에서 엿볼 수 있다.

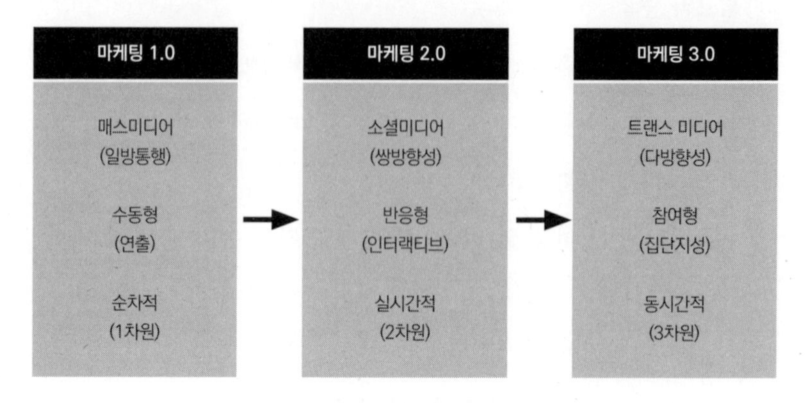

〈자료 4-11 : 마케팅3.0의 개념〉

### 마케팅3.0 전략

'광고'라는 용어 자체가 사라질 수도 있다. 메시지는 상품에 융합되어 광고인지 아닌지 헷갈리게 되고, 생산자와 소비자의 경계도 사라져 함께 어울리면서 게임을 벌이는 방식으로 변한다. 여기서 중요한 포인트는 소비자도 경제적 이익을 얻을 수 있어야 한다는 점이다.

이 과정에서 광고와 유통의 경계도 사라진다. 유통도 산업혁명의 결과, 생산자와 소비자가 분리되면서 생긴 개념이다. 시장market의 역사도 길게 봐야 200-300년밖에 되지 않는다. 산업시대의 가치사슬이 해체되면서 시장, 미디어 등의 존재 이유가 없어지고 플랫폼으로 융합되는 추세가 지속되고 있다.

메타버스에는 미디어도 시장도 존재하지 않는다. 거기는 우리가 알던 세상이 아니다. 게임의 법칙이 다르고 가치방정식도 고차 함수다. 비즈니스 생태계가 메타버스로 변하고 있는 시점에서 기업들이 체질을 바꿔 가야 한다. 달라진 룰을 숙지하고, 새로운 고차방정식 풀이에 도전해야 한다. 또 실패가 권장되어야 한다. 현실세계에서의 실패가 메타버스에서는 성공이기 때문이다.

대체현실에 주목해 보시라. 대체현실은 가상현실로 가는 가교이고, 거기에 비밀를 푸는 열쇠가 숨겨져 있다. 대체상품을 기획하고, ARG를 설계해야 한다. 게임화gamification는 마케팅의 트렌드다.

메타버스는 상품과 스토리를 곳곳에 분산시켜 놓고 고객과 함께 그것을 찾는 게임을 벌이는 시공간이다. 웹3.0 메타버스 시대, 마케팅3.0 전략으로 전환해야 한다. 마케팅3.0은 입체적이고 역동적인 3차원 방식이다. 현실과 가상의 경계를 넘나들며trans-media, 집단지성을 활용하는wiki 지능형 마케팅이다.

ARG는 마케팅3.0의 원리이며, 웹3.0 메타버스를 움직이는 힘이다. ARG가 귀환하고 있다. 메타버스의 뉴노멀 왕좌로.

# 12장. 융합마케팅 전략

## 화폐개혁이 일어난다

이제 은행은 은행과 경쟁하지 않는다. 스페인 BBVA 은행의 프란시스코 곤잘레스 전 회장은 "디지털 시대의 은행의 경쟁사는 더 이상 다른 글로벌 금융기관이 아니다."라고 선언했다. 한국의 금융회사들도 "스타벅스는 이미 커피 회사가 아닌 은행"이라며 긴장하고 있다. 스타벅스 선불 충전금의 규모는 수조 원에 이르고, 블록체인 프로젝트도 진행 중이다. 이건 환전하지 않고 국경을 넘나들며 사용할 수 있는 일종의 화폐다.

자체적으로 토큰 이코노미를 구축하는 플랫폼이 계속 늘고 있다. 하이퍼로컬 플랫폼을 추구하는 당근마켓도 간편결제와 송금서비스 '당근페이'를 출시했다. 로블록스나, 제페토, 싸이월드Z 등 메타버스 플랫폼들은 이미 자체 화폐를 발행하고 있다.

이젠 누구나 화폐를 발행하는 시대가 된 것이다. 큰 기업만 가능한 게 아니다. 개인도 발행한다. 예를 들어, 골목 카페 사장님도 이더리움 ERC-20을 활용하면 10분 만에 '○○토큰'을 만들 수 있다. 단골들에게 도장 찍어 주는 대신 '○○토큰'으로 보상하고, 결제에 사용하게 하면 된다. 그건 스타벅스 같은 회사나 하는 일이라고? 스타벅스도 시작은 시애틀 골목에 있는 별다방이었다.

'화폐'라는 관념의 프레임에서 벗어나야 한다. 화폐는 집단적 신화의 산물일 뿐이다. 유발 하라리는 《사피엔스》에서 "나는 왜 별보배고둥 껍데기나 금화나 달러화를 신뢰할까? 내 이웃들이 그것을 신뢰하기 때문이다. 그리고 내 이웃들이 그것을 신뢰하는 이유는 내가 그것을 신뢰하기 때문이다"라며 화폐란 집단을 유지하기 위한 신화 체계라 정의한다. 비트코인이나 토큰 등은 내재적 가치가 없어 화폐가 될 수 없다고 하는 말은 어폐가 있다. 돌덩어리도 가치를 인정받을 수 있다면 디지털 덩어리라고 왜 가치를 인정받지 못하겠는가?

과거에는 중앙은행이 쥐고 있었던 화폐 발행권이 기업과 개인들에게 분산이동하고 있다. 권력이 이동하면 결과가 뒤따른다. 화폐의 개념, 형태, 그리고 결제방식이 바뀌는 것이다. 이건 혁명이다. 화폐개혁이 일어나면, 금융이 변한다. 금융金融은 돈의 흐름이고, 돈은 경제의 피와 같다. 피가 갈리면 몸도 바뀐다. 즉, 화폐개혁은 경제시스템과 비즈니스 생태계의 일대 전환이 일어날 것이라는 시그널이다.

## 마케팅은 늙었다

경제생태계가 메타버스로 변하고 있다. 메타버스는 체질도 다르고, 산업시대의 문법으로는 말이 통하지 않는 세상이다. 새로운 가치방정식을 이해하고 마케팅 방식도 완전히 달라져야 한다. 메타버스에서의 마케팅 핵심키워드는 '융합'이다.

융합convergence이란 제품 간, 업종 간, 산업 간의 경계가 허물어지고 서로 섞이면서 새로운 장르를 만들어 내는 현상이라 정의할 수 있다. 융합은 인터넷이 깔린 30년 전부터 물밑에서 꿈틀대 왔다. 세상을 거미줄처럼 연결한 인터넷은 시공간을 파괴했고, 이전에는 서로 섞일 수 없었던 것들을 한데로 묶었다.

이때부터 세상은 이상한 나라로 변했다. 마구 뒤틀리면서 지각변동이 시작된 것이다. 지진의 진앙지는 인터넷이다. 처음에는 작은 진동 정도였다가 웹2.0시대를 지나면서 점점 증폭되었고, 웹3.0 메타버스에서 거대한 쓰나미로 돌변했다. 제1부에서 논의한 것처럼 지난 30년은 연결과 융합이 지구를 들썩이게 만든 시대였다.

융합의 물결에 대응하기 위해서는 기존의 지식체계를 버려야 한다. 마케팅도 그렇다. 마케팅 교과서는 낡았다. 디지털 시대 이전에 정립된 논리로는 메타버스에서 벌어지는 현상들을 설명할 수 없고, 기존 전략으로는 변화를 감당할 수 없기 때문이다. 마케팅 교과서를 다시 써야 하는 이유다.

지금까지 경쟁, 소비자, 시장, 상품, 가격, 유통, 프로모션 등이 마케팅의 기본명제였다. 마케팅 기획 프로세스는 먼저 경쟁, 소비자, 시장 등 소위 3C 요인을 분석하고 STP와 4P, 즉 상품, 가격, 유통, 프로모션 전략을 수립하는 것이다. 그러나 이건 구태의연한 생각이 되어버렸다. '블루오션'의 저자 김위찬 교수는 한 인터뷰에서 이런 화두를 던졌다.

> "전략을 짤 때 대개의 경우 경쟁과 기존 산업을 분석하고 전략 그룹을 살펴본 뒤 집중 공략할 고객을 정한다. 이런 과정을 무의식적으로 거친다면 당신은 레드오션에 빠져있는 것이다."
>
> **- 한국경제, 2005.10.11.**

당신은 이 말에 동의할 수 있는가? 이건 기존 비즈니스 통념을 뒤집는 말이다. 경쟁과 시장, 산업구조를 분석하고 STP 전략을 세우는 게 당연한 마케팅 프로세스인데, 그것이 레드오션 논리라니? 기자의 질문에 그는 이렇게 대답했다.

"블루오션으로 가려면 시장 경계선 내에서만 보지 말고 경계선 너머에 있는 새 수요를 볼 수 있어야 한다."

**무경쟁, 무한경쟁**

업종과 산업을 나누던 경계선이 사라지는 상황에서 자신의 경계선 내의 경쟁사를 분석하고 전략을 짜는 건 마이오피아myopia, 즉 근시안적 사고다. '경쟁competition' 명제에 대한 프레임을 완전히 바꿔야 한다.

누가 당신의 경쟁자인가? 금융산업의 경우를 다시 생각해 보자. 이제 은행들이 두려워하는 상대는 카카오나 토스, 또 스타벅스나 당근마켓이 되었다. 비트코인은 중간에 은행을 거치지 않고 P2P로 직거래하겠다는 도전장이다. 은행, 비키라는 것이다. 빌 게이츠가 말했듯이 "뱅크는 사라지고 뱅킹만 남는다."

지금 금융업은 지각변동의 한가운데 있다. 이런 상황에서 경쟁 은행을 분석하고 전략 짜는 방식으로는 붉은 피가 낭자한 레드오션을 벗어날 수 없다. 특정 산업군이 아니라 비즈니스 생태계 전반의 움직임을 읽고 기민하게 움직여야 경계선 너머의 새 수요를 발견할 수 있다. 경계선 너머가 청정지역, 블루오션이다.

모든 업종에서 빅 블러big blur가 일어나고 있다. 애플 컴퓨터는 2008년 회사명에서 '컴퓨터' 글자를 떼어 버렸고, 미국의 전통적인 하드웨어 제조업 GE는 소프트웨어 회사로 변신하겠다고 선언했다. 또 메르세데스 벤츠의 전 회장 디터 제체는 "이제 자동차는 가솔린이 아니라 소프트웨어로 움직인다"는 말로 업業을 재정의 내렸다.

테슬라를 단순히 자율주행 전기자동차 메이커로 인식해서는 안 되는 이유도 여기에 있다. 스페이스X는 테슬라의 동선을 우주 공간으로, 또 뉴럴링크는 가상현실로까지 연장하는 모빌리티 프로젝트다. 다른 자동차회사만 경쟁으로 보는 좁은 시야로는 오픈 플랫폼인 메타버스에서 생존할 수 없다.

또 일론 머스크의 계산법은 마진 곱하기 판매 대수가 아니다. 그건 생산과 판매 방식으로 사업하던 산업시대의 가치방정식이다. 전기차계의 애플이라 불리는 테슬라의 최종 노림수는 운영체제OS의 장악이다. 넥스트 스마트폰 시대, 자동차도 웨어러블이고 누가 헤게모니를 잡느냐가 메타버스 왕좌의 게임을 좌우하기 때문이다.

넷플릭스 역시 OTT 경계선 안에 머무르지 않는다. 리드 헤이스팅스 CEO는 자신들의 경쟁사를 디즈니가 아니라 포트나이트라 규정하면서 게임회사 인수에 나섰다. 메타버스를 향하고 있는 것이다. 반면 포트나이트는 드라마나 영화 등 콘텐츠를 끌어모으는 중이다. 이처럼 메타버스는 사방이 뻥 뚫려 있는 야생의 땅이다. 여기서는 아예 '경쟁'이라는 단어 자체를 머리에서 지우고, 무無경쟁이자 무한경쟁의 패러다임으로 전환해야 한다.

글로벌기업들이 울타리를 부수고 메타버스로 나가고 있다. 거기가 블루오션이기 때문이다. 애플은 PC 제조업, 구글은 검색엔진, 아마존은 전자상거래, 메타는 SNS, 엔비디아는 반도체 제조사로 출발했지만, 모두 메타버스로 모여들고 있고 그곳에서 일대 격전을 치를 것이다.

비즈니스 패러다임을 바꿔야 한다. 메타버스 가치방정식은 연결과 융합을 통해 네트워크 효과를 일으키는 과정에서 가치가 창출되는 방식이다. 여기서 창출되는 가치는 상품매출을 일으켜서 마진 취할 때 나오는 이익과는 상대가 되지 않는다.

### 시장이 사라진다

바꿔야 할 두 번째 마케팅 명제는 시장market이다. 시장은 왜 생겨났을까? 생산 시점과 소비 시점이 다르고 생산하는 공간과 소비하는 공간이 다르기 때문이었다. 즉, 다른 시공간을 동기화synchronization함으로써 생산과 소비 간의 비대칭 문제를 해소하기 위한 기제가 시장이다.

이렇듯 시장이란 생산자와 소비자가 만나 가치를 교환하는 시공간이다. 그런데, 메타버스에서는 굳이 만나지 않아도 된다. 초월적 시공간이기 때문이다. 메타버스는 제2부 3장에서 논의했듯이, 아바타봇이 구석구석 돌아다니면서 내가 필요로 하는 상품 리스트를 긁어모아 내 눈 앞에 갖다 바치는 구매자시장buyer's market이다. 검색 로봇이 나오면서 디렉터리 방식으로 정보를 제공하는 포털의 울타리를 무너뜨렸듯이 쇼핑 로봇은 시장의 울타리를 허물어 버릴 것이다.

이렇게 되면 아마존은 어떻게 될까? 아마존은 생산자와 소비자가 만날 수 있도록 멍석을 깔아 놓은 장터다. 그런데 메타버스에는 미들맨middle man이 설 자리가 없다. 인공지능이 시공간을 동기화시켜 생산자와 소비자 간 직거래가 가능해지기 때문이다.

트리거는 당겨졌다. 나이키는 아마존에서 상품을 철수했다. D2CDirect to Consumer 전략의 일환이다. 생산자 입장에서는 유통채널이 많은 건 비효율적이다. 채널별로 가격이 다르다 보면 상품기획도 복잡해지고 브랜드관리에도 어려움이 생기기 때문이다.

나이키처럼 소비자와 스마트폰 앱에서 만나 협상도 하고 주문받

〈자료 4-12 : 산업시대의 가치사슬〉

고 결제와 AS까지 P2P 방식으로 직거래하겠다는 기업들이 늘고 있다. 구독subscription경제도 D2C 모델이다. 직접 소비자에게 맞춤형 상품을 정기적으로 배송함으로써 중간 유통을 거치지 않겠다는 것이다.

산업시대에는 유통업이 많은 기능을 수행했다. 보관, 운송, 협상과 주문, 대금 결제, 반품이나 AS, 관계유지 및 정보 제공 등의 가치를 제공했었다. 그러나 상품에 대한 지식과 사용 경험이 많아진 스마트 소비자들이 그 정도는 클릭 몇 번으로 직접 할 수 있게 되었다. 시장은 스마트폰 안으로 들어갔고, 거기서 시공간을 초월해서 생산자와 직접 소통한다. 굳이 미들맨에게 수수료를 줄 필요가 있을까?

그렇다면 유통업은 어떻게 될까? 시장과 함께 사라진다. 이것은 다른 말로 표현하면, 가치사슬value chain의 해체다. 산업시대 가치사슬의 형태는 〈자료 4-12〉와 같이 요약할 수 있다. 산업혁명이 일어나면서 생산자와 소비자가 분리되었고, 둘 사이를 연결해 주는 파이프라인이 생겨났었다. 크게 두 가지인데, 사물상품이 흐르는 채널이 '유통'

이고, 정보메시지가 흐르는 채널이 '미디어'다. 그리고 그 중심에 금융이 있다.

그런데 융합의 거대한 쓰나미가 가치사슬을 덮치면서 해체unbundling시키는 중이다. 생산자와 유통과 미디어가 융합되고, 금융까지도 하나로 뒤섞이고 있다. 유통업, 미디어, 금융업 등의 존재 이유가 없어지고, 산업과 업종을 구분 지었던 울타리가 무너지는 것도 여기서 기인한다.

그럼 가치사슬은 어떻게 변하나? 변화된 모습이 오픈 플랫폼이고, 평면적이었던 플랫폼이 입체적이고 역동적으로, 거기에 지능까지 갖춘 형체로 진화한 것이 웹3.0 메타버스다. 제3부 2장에서 논의한 메타버스 플랫폼이 갖추어야 할 3C 요소인 콘텐츠, 커뮤니티, 커머스는 각각 가치사슬에 존재하던 생산자, 미디어, 유통의 기능을 계승한 것이다.

메타버스에서는 유통 패러다임을 재정립해야 한다. 단순히 연결해 주고 수수료 받는 비즈 모델은 메타버스 가치방정식과 맞지 않는다. 생산자와 소비자가 만들 수 없는 한 차원 높은 가치를 제시하느냐 못하느냐에 유통업의 미래가 달려 있다.

### 스마트 소비자의 출현

세 번째 명제는 소비자다. '소비자'라는 용어 역시 산업시대의 유물이다. 기업이나 산업시스템이 생기기 전에는 생산자와 소비자가 분리되지 않았고, 개념도 없었다. 산업혁명 이후 대량생산과 대량소비가 이루어지면서 시장이나 소비자라는 학술용어도 만들어진 것이다.

산업시대 소비자는 마케팅의 일방적 대상이었다. 리서치, 분석, 판매의 대상이다. STP도 그런 것이다. 시장을 여러 요인별로 세분화Segmentation한 후, 집중 타겟팅Targeting할 세그먼트를 결정하고, 자사의 브랜드를 경쟁사 대비해서 소비자 머릿속의 인지 구도상 어느 위치에 자리 잡게Positioning 할 것인가의 전략이 STP다.

그러나 소비자라는 개념은 허상이다. 시장분석은 통계 기법을 활용해서 평균 내는 작업인데, 마케터들이 잘 빠지는 함정이 평균의 착시다. 마케팅 기획서에 타겟 고객이라고 서술하는 내용을 보면 대개 실체가 모호하고 접근 불가능한 경우가 많다. 그런 소비자들을 어디 가면 만날 수 있는가? 또 더 이상 그들은 한군데 모여 있지 않다.

그런 마케팅 방식은 생산자가 소비자와 직접 만날 채널이 없던 시절에는 유용했다. 그러나 근원적인 환경의 변화가 일어났다. 첫째, 시장이 판매자시장에서 구매자시장으로 변하면서 사람들은 시장으로 가지 않는다. 개인 스마트폰으로 생산자가 찾아오기 때문이다. 둘째, 이젠 생산자와 소비자가 직접 만날 수 있는 네트워크 환경이 갖춰져 있고, 일대일 소통할 수 있는 소셜 미디어 인프라스트럭처도 갖춰져 있다. 메타버스는 더더욱 그렇다. 시공간을 초월해서 소비자와 어울릴 수 있게 되었다.

세 번째가 가장 극적인 변화인데, 소비자가 똑똑해진 것이다. 누구나 언제 어디서나 인터넷에 접속할 수 있게 되면서 과거에는 생산자만이 독점하던 정보를 쉽게 얻을 수 있게 되었고, 특수 정보요원들이나 갖고 다녔을 법한 스마트기기를 24시간 손에 들고 다니면서 실시간 검색하고 소통한다. 당연한 결과로 상품 지식이 많아졌고 사용경험을 공유하면서 집단지성도 무르익었다. 소비자가 기업의 지식을 능가하면서 스마트 소비자에게로 권력이 이동하고 있는 것이다.

예전처럼 일방적으로 분석 당하고 기업이 생산하는 상품에 감동받으면서 소비만 하던 마케팅 대상이 아니다. 똑똑함을 넘어 무서운 소비자로 돌변하고 있다. 시장세분화Segmentation, 타겟팅Targeting, 포지셔닝Positioning의 유통기한은 지났고, 차별화도 마케팅 불변의 법칙 자리에서 내려와야 한다. 환경의 변화는 마케팅 방식의 전환을 요구한다. 소비자를 어떻게 인식해야 할까?

### 소비자는 파트너다

첫째, 메타버스에서는 소비자를 분석 통제하고 소비자와의 관계를 소유하겠다는 생각부터 버려야 한다. 소비자는 마케팅의 대상이 아니라 마케팅 파트너다. '고객에게' 판매한다는 생각을 버리고 '고객의, 고객에 의한, 고객을 위한' 마케팅으로 전환해야 한다. 예전에는 '만들라, 그러면 그들이 올 것이다'였지만 지금은 '함께 만들라, 그러면 그들은 머물 것이다'로 바뀌고 있는 것이다.

둘째, 소비자를 생산의 주체로 세워 주어야 한다. 아예 칼자루를 넘겨주라는 뜻이다. 집단지성을 등에 업은 스마트 소비자는 기업보다 훨씬 큰 가치를 창출할 수 있게 되었기 때문이다. 이건 코페르니쿠스적 전환이다. 웹3.0 메타버스 비즈니스 생태계는 생산자를 중심으로 도는 게 아니라 소비자를 중심으로 돌아간다.

상품을 잘 만들어 잘 팔면 성공하던 시절은 지나갔다. 그건 일방향one way 비즈니스다. 또 R&D 방식이었다. 반면 플랫폼 비즈니스의 요체는 공동으로 가치를 창출하는 C&DConnect & Development이고, 생산자와 소비자가 공존하는 양면two side 비즈니스다.

메타버스 가치방정식은 '판매수량×마진=이익'이 아니다. 그건 산업시대 논리다. 플랫폼에 소비자들이 붐비고 트래픽이 많아지면 네트워크 효과network effect가 발생한다. 전선에 전기가 흐를 때 자기장이 형성되는 것과 같은 이치다. 네트워크 효과에서 창출되는 가치는 상품 판매에서 남는 이익 숫자와는 비교가 되지 않는다.

메타버스의 핵심은 경제임을 명심해야 한다. 인간은 경제적 동물이며, "곳간에서 인심 난다"는 속담은 만고불변의 진리다. 돈 쓰는 소비자가 아니라 함께 돈 버는 파트너로 대우해 주어야 한다. 그게 P2EPlay to Earn이고, 메타버스의 3C 요소 중 커머스commerce가 플랫폼을 작동시키는 연료인 이유도 여기에 있다.

### 상품의 진화

이처럼 마케팅의 3대 명제라 할 수 있는 경쟁, 시장, 소비자에 대한 기존 관념을 리셋해야 한다. 패러다임이 전환되지 않고서는 생존이 어렵게 된다. 4P 전략은 어떤가? 인터넷이 일으킨 연결과 융합은 4P 명제도 바꾸고 있다.

좋은 제품product, 경쟁력 있는 가격정책price, 유통망 확보와 영업 전략place, 광고와 홍보 등의 프로모션 전략promotion 등 지금까지 4P로 불려 왔던 요인들 역시 무의미해지고 있다. 메타버스는 그런 세상이다.

상품은 다른 차원으로 진화하고 있다. 상품이란 용어도 산업시대 산물이다. 이전에는 일상에 쓰이는 좋은 물건goods의 차원이었지 상업적 판매commodity를 전제로 만든 게 아니었다. 대량생산이 가능해지면서 제조make해서 교환exchange하던 수준에서 생산production과 유통distribution으로 패러다임이 달라졌고, '제품'이 '상품'이 된 것이다. 이는 상품1.0에서 상품2.0으로 진화했다고 표현할 수 있다.

산업시대, 상품은 부가가치를 창출하는 원천이었다. 당연히 매출을 늘려서 이익을 극대화하는 게 마케팅전략의 목표였다. 그런데, 물리적 상품의 가치가 하락하기 시작했다. 원인은 몇 가지로 요약할 수 있다.

첫째, 경쟁사 간 품질과 서비스의 실력 차이가 줄어들면서 출혈경쟁이 심해졌고, 둘째는 기술의 급속한 변화로 수명주기가 짧아진 한편 소비자 니즈는 다양화되면서 다품종 소량생산으로 규모의 경제를 누릴 수 없게 되었기 때문이다. 부가가치가 떨어지면서 모든 업종이 레드오션으로 변해버린 이유다.

그러나 더 본질적인 원인은 소비자의 힘이 세졌다는 데에 있다.

이제는 웬만한 내용은 소비자들이 꿰고 있고, 스마트폰으로 가격을 검색하고 상품정보와 사용 경험을 공유하면서 생산자를 압박한다. 인터넷이 권력을 이동시킨 것이다.

이런 상황에서 상품의 특징이나 차별화 포인트를 강조하고, 브랜드 이미지를 연출하는 기존의 일방적인 마케팅전략으로는 변화의 쓰나미를 감당할 수 없다. 이제 공장에서 생산하는 사물hardware로서의 '상품'으로는 소비자들을 만족시킬 수 없고, 물리적 상품이 창출하는 부가가치는 제로에 수렴하게 될 것이다.

기업이 만든 상품의 품질과 차별화된 기능 등에서 감동받던 시대는 지나갔고, 비즈니스 과정에 참여해서 공동으로 가치를 창출해 가는 경험에 가치를 느끼는 경험경제 시대로 변했다. 즉, 가치의 원천이 고객과의 상호작용, 공동의 경험으로 이동했다는 얘기다.

상품의 생산과 가치의 창출을 혼동해서는 안 된다. 사물로서의 '상품product'은 공장에서 만들어지지만, '가치value'는 광장에서 만들어진다. 그곳이 메타버스다. 상품에 경험이나 문화, 콘텐츠, 재미와 감성, 커뮤니티 등의 가치를 융합하는 마케팅 방식으로의 전환, 이것이 융합마케팅convergence marketing의 요체다.

웹3.0 메타버스에서 상품은 단품 형태가 아니고, 외떨어져 홀로 존재할 수도 없다. 사물인터넷IoT 생태계에 편입해 다른 상품들과 연결, 융합되어야 생명력을 갖게 된다. 웹3.0 메타버스의 속성에 맞게 상품도 입체적, 역동적, 지능적인 상품3.0 차원으로 업그레이드되어야 환경적합성을 갖기 때문이다. 상품이 어떻게 진화해 왔는지, 또 상

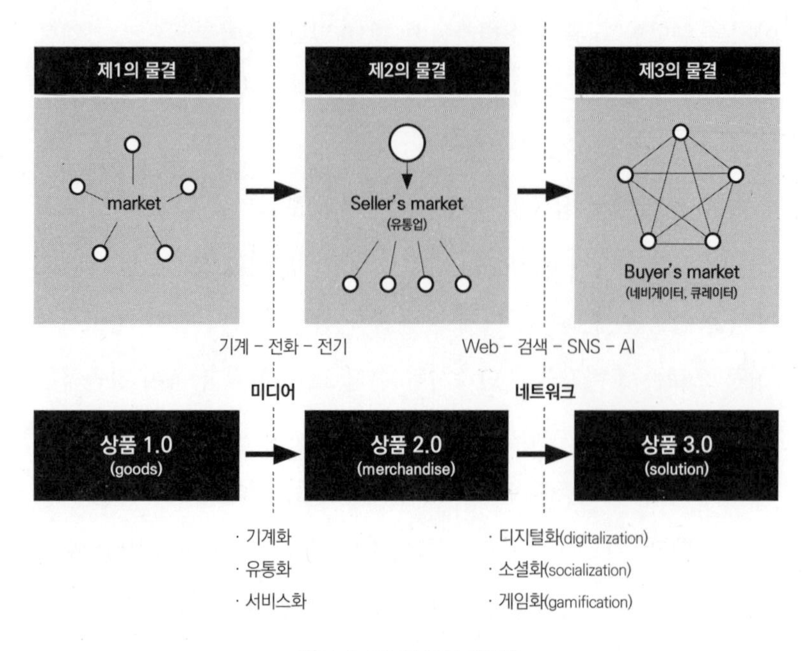


〈자료 4-13 상품의 진화사〉

품3.0이란 무엇인지를 〈자료 4-13〉과 같이 정리할 수 있다.

앞 장에서 강조했듯이 물리적 상품뿐 아니라 가상상품, 증강상품, 대체상품을 기획하고, ARG를 통해 고객들과 함께 게임하고 어울려 노는 것이 중요한 이유가 여기에 있다. 다시 강조하건대, 상품은 고객에게 제공되는 가치의 총체다.

### 로컬 모터스가 예고하는 미래 생산양식

상품의 외연이 확장되면 생산양식도 변한다. 메타버스는 생산자

〈자료 4-14 : 로컬 모터스〉

와 소비자가 협업하는 공간이다. 가치는 메타버스에서 창출되고 현실세계는 그림자 역할만 하는 시대로 변하고 있다. 이미 그런 일이 일어나고 있다. 예를 들어, 음식배달이 그렇다. 주문과 결제는 스마트폰 앱에서 하고 현실세계에서는 배달만 이루어지고 있지 않는가?

이런 방식은 다른 업종들로 더 확산될 것이다. 미국의 자동차회사 로컬 모터스Local Motors는 미래 생산양식의 예고편이라 할 수 있다. 2010년 창업한 로컬 모터스는 GM이나 포드에 비하면 매출이나 규모 면에서는 작은 자동차회사다. 공장의 규모도 마이크로 팩토리라고 불릴 정도다. 그러나 오바마 전 대통령이 혁신기업이라고 몇 번을 극찬했던 회사다.

로컬 모터스는 자동차 생산회사라기보다는 크라우드 소싱crowd sourcing 커뮤니티라는 표현이 더 적절하다. 모든 과정이 회원들의 참여와 합의에 의해 이루어지기 때문이다. 디자인은 크라우드 소싱 방식으로 공모되고 회원들의 투표에 의해 결정된다. 자동차 디자인이 선정되면 3D 프린터를 활용해서 가상으로 모형을 미리 만들어 보고 부품은 엔지니어 회원들의 추천과 협의를 거쳐 구매하는데 BMW나 포드 등 기존 자동차회사의 부품을 활용한다.

조립도 회원들이 직접 한다. 가까운 마이크로 팩토리 근처에서 며칠을 묵으면서 전문가들의 도움을 받아 직접 조립하고 운전해 가져간다. 최초의 모델은 오프로드 전용 자동차인 랠리 파이터였다. 2014년에는 전기자동차 스트라티를 3D 프린터로 만들어 화제가 됐고, 이후 스트라티의 단점인 주행속도를 올린 3D 프린팅 전기차 스윔, 그리고 2016년에는 3D 프린터로 만든 12인승 올리를 생산했는데, IBM의 인공지능을 탑재해 자율주행도 가능한 전기자동차다.

로컬 모터스의 생산방식은 R&D를 거쳐 공장에서 대량생산해서 딜러나 대리점을 통해 판매하는 방식이 아니다. 로컬 모터스의 가상 네트워크상에 회원들이 모여 의논하고 조정하고 합의하는 과정에서 실질적인 생산이 이루어지고, 마이크로 팩토리에서는 프린트print만 하는 방식이다.

메타버스에서는 이런 모델이 활성화될 것이다. 메타버스에 공장의 디지털 트윈을 만들고, 회원들은 가상 사무공간에 모여 협업할 수 있다. 자동차도 이런 식으로 만드는데, 어떤 상품을 못 만들겠는가?

공장에서 생산되는 '상품'만으로는 레드오션을 벗어날 수 없고, 경험, 콘텐츠, 커뮤니티, 커뮤니케이션 등의 가치를 융합하는 전략으로 전환해야 한다. 故 앨빈 토플러가 《권력이동》에서 소비자도 가치를 창출하며, 생산의 개념이 달라진다고 강조하면서 "지구상에 혁명적인 새로운 부富 창출체제"가 만들어지고 있다고 예언했던 것이 메타버스에서 실현되고 있는 것이다.

### 가격 파괴 현상

상품이 입체적, 역동적, 지능적인 형태로 변하면 '가격Price'은 어떻게 될까? 상품에 가격이 매겨진 건 자본주의 산업시대 들어와서다. 근대국가체제가 정립되고 법정法定화폐가 신뢰를 얻게 되면서 화폐 표시 가격체계가 가능해졌고, 자본주의 경제는 수직상승할 수 있었다.

그런데 메타버스 경제는 다르다. 가격이라는 용어가 사라질 수도 있다. 서두에서 논의한 화폐개혁까지 일어난다면 법정화폐 표시 가격체제는 무너진다. 이전부터 가격이 파괴되는 전조 현상들이 곳곳에서 나타났었다. 정찰제는 이미 의미가 없어진 지 오래고, 변동가격제, 구매자주도 가격제, 무료free전략이나 구독모델 등 창의적인 가격모델들이 활성화되고 있다.

웹3.0 메타버스에서 상품들이 연결되고 융합된 형태가 되면 단품가격은 의미를 잃고, 고객에게 제공되는 총체물의 가치를 높임으로써 수익을 창출하는 모델로 전환해야 한다. 웹3.0 메타버스에서는 입체적, 역동적, 지능적인 수익모델이 요구된다. 많이 팔아 많이 남기는 장사가 아니라 커뮤니티 활성화와 네트워크 효과를 통해 가치를 높이는 마술을 부려야 하는 것이다.

### 쇼핑은 경험이다

마지막으로, '유통Place'과 '광고Promotion'는 위기를 맞게 될 것이다. 앞서 논의했듯이 유통과 미디어는 생산자와 소비자가 분리되면서 만들어진 파이프라인이다. 대량mass은 산업시대의 비즈니스 패러다임이었다. 그런데, 메타버스에서는 생산자와 소비자가 다시 융합되고, 메타버스의 패러다임은 대량이 아니라 개인맞춤화fitting이다. 결국, 가치사슬이 와해되면서 유통과 미디어는 설 자리를 잃게 된다.

유통업은 다른 가치를 발굴하지 못하면 도태된다. 미들맨을 제치고 생산자와 소비자가 직거래하는 D2C 추세는 거세질 것이기 때문이다. 메타버스에서는 유통회사도 생산자라는 정체성을 갖고 색다른 쇼핑경험 상품을 개발해야 한다.

웹3.0 메타버스의 본질은 경험경제다. 한 차원 높은 쇼핑경험, 문화 코드, 결제방식 등이 융합된 유통상품을 기획해 볼 수 있다. 전방위적 옴니채널 전략, 온오프를 넘나드는 O2O 전략 등을 확대하고, 쇼핑봇을 통해 개인맞춤화하고 실시간 소통하는 전략을 펼쳐야 한다.

아마존이 무인점포를 늘려 가는 것도 유통업에 대한 위기감 때문이다. 아마존고AmazonGo 매장에는 센서, 인공지능, 인식기술 등이 접목되어 있어 고객이 그냥 들어가서 필요한 상품을 집어 결제도 안 하고

들고 나온다. 이건 유토피아의 모습 아닌가? 아마존고는 스마트쇼핑 상품이다. 즉, 매장이라는 공간 자체를 초월적 메타버스로 바꾸는 스마트 트랜스포메이션이다.

### 마케팅은 게임이다

광고산업도 혁신이 필요하다. 광고산업이 형성된 것은 신문, 잡지, TV 등 미디어media가 나오면서다. 매스미디어의 시간과 공간을 구매해서 상품정보를 제공하는 게 광고다. 그러나 매스미디어의 힘은 약화되고, 소셜 미디어로 권력이 이동하고 있다. 신문 기사보다 SNS에서 공유되는 메시지가 더 위력적인 시대로 변한 것이다.

스마트 소비자들은 기업보다 똑똑해졌다. 정보가 더 많고, 부르면 지니가 나타나는 알라딘 요술램프를 지니고 다닌다. 무대 위에서 브랜드 이미지를 연출하던 방송식 사고를 버리고, 무대 아래로 내려와 고객들과 함께 어울려 노는 게임식 마케팅을 펼쳐 보라. 그러면 그들이 아이디어를 주고, 은밀한 공범의식이 생겨 여기저기 퍼 나르며 자발적으로 프로모션해 준다. 메타버스에서는 광고하려다가는 퇴출당한다.

웹3.0 메타버스 마케팅은 전쟁war이 아니라 놀이play가 되어야 한다. 경쟁사와 몸싸움을 벌이면서 소비자에게 상품을 파는 것이 아니라 고객들과 함께 축제를 벌이고, 모두가 공동으로 가치를 창출해 가는 ARG가 메타버스에 적합성을 갖는 새로운 마케팅 패러다임의 본질이다.

웹3.0 메타버스에 광고는 없다. 궁극에는 미디어가 사라지기 때문이다. 그러므로 광고도 상품임을 인식하고 새로운 소통상품을 개발해야 한다. 그것이 ARG의 원리를 접목한 것일 수도 있다. 앞에서 말했듯이 고객에게 제공되는 가치의 총체가 상품이고, 소통상품은 공장이 아니라 광장에서 만들어지는 것이다.

## 변화는 ARG다

메타버스는 다른 가치방정식으로 풀어야 한다. 만약 풀리지 않는 문제가 있다면 기존의 상식과 프레임을 의심해 봐야 한다. 관념의 틀에 갇혀 있는 건 아닐까? 어쩌면 당신 스스로 가두고 열쇠를 던져 버렸을지도 모른다.

지금 세상은 메타버스로 변하고 있다. 메타버스는 고정관념에 싸여 있어서는 보이지 않고, 평면적이고 이분법적 사고로는 풀 수 없는 고차방정식이다. 눈이 우리를 속이고 있다. 생각의 경계를 허물고 저 너머에 있는 흥미진진한 세상을 봐야 한다.

메타버스는 인간미 없고 차가운 세상이 아니다. 오히려 매일 수수께끼 게임이 벌어지는 유머러스한 곳이다. 그러므로 메타버스 마케팅은 유쾌해져야 한다. 메타버스 파도에 올라타라. 파도도 즐기면 서핑이 된다. 생각의 틀을 던져 버리라. 물구나무서서 세상을 거꾸로 바라봐 보라. 그러면 사업이 쉬워지고 재미있어진다. 어렵게 느껴졌던 고차방정식도 의외로 풀려 나갈 것이다.

절대 미래와 싸우려 해서는 안 된다. 변화는 무서운 게 아니라, 가슴 뛰게 하는 ARG다.

NFT와 ARG가 바꾸는 비즈니스 법칙

# 웹3.0 메타버스

**초판 1쇄 발행** 2022년 2월 22일
**초판 2쇄 발행** 2022년 4월 8일

**지은이** 김용태
**편　집** 전예슬
**발행인** 권윤삼
**발행처** (주)연암사

**등록번호** 제2002-000484호
**주　소** 서울시 마포구 월드컵로165-4
**전　화** 02-3142-7594
**팩　스** 02-3142-9784

**ISBN** 979-11-5558-103-2 03320

값은 뒤표지에 있습니다. 잘못된 책은 바꿔드립니다.



---

연암사의 책은 독자가 만듭니다. 독자 여러분들의 소중한 의견을 기다립니다.
**트위터** @yeonamsa
**이메일** yeonamsa@gmail.com